Reihe Hanser 204
Literatur-Kommentare 3
Ruhe und Ordnung

Die Reihe legt interpretierende Musterkommentare zur neueren deutschen Literatur in Einzelbänden vor, die sich einem bestimmten Autor, Werk oder Thema widmen und gedacht sind als Materialien für den Literaturunterricht an Schulen und Hochschulen. Modellanalysen, sozial-, lebens-, werk- und literaturgeschichtliche Einordnungsversuche sowie methodologische Hinweise bereiten eine wissenschaftlich abgesicherte Deutung vor. Die Gliederung in *Text* (einschließlich Textkritik) – *Kommentar* (Einzelhinweise, Darstellung, Analysen, Wirkungs- und Forschungsgeschichte) – *Materialien* (Dokumente und Abbildungen, Bibliographie und Register) ist für alle Bände verbindlich.
»Ruhe und Ordnung«: Vom Allgemeinen Landrecht des 18. Jahrhunderts bis zu den jüngsten Bundestagsdebatten hat keine Parole für die Entwicklung des Staats- und Rechtsdenkens in Deutschland eine so symptomatische wie zugleich real wirksame Bedeutung gehabt. Literatursprache, Gesetzestexte, Parlaments- und Wahlreden, Anzeigen und Aufrufe belegen den langen Weg der Deutungen, denen die Ordnungsformel ausgesetzt war und ist. Vom positiv-humanen Wortfeld aufgeklärter Rechtsideen, welche die »Pflichten des Staates für den Einzelnen« bestimmen, über die restaurative »Gehorsamkeit des Untertanen gegenüber der Obrigkeit« bis hin zur »Gesetzlichkeit des Unrechts« in der pervertierten Rechtsauffassung der Diktatur des Nationalsozialismus wird in der Verwendung der sprachlichen Formel die Spaltung der historisch-politischen Bewußtseinsebenen, wird die Trennung von Geistes- und Sozialgeschichte in Deutschland sichtbar. Die Divergenz zwischen der deutschen Sprache und der Sprache der Deutschen (Karl Kraus) hat die politisch-moralische Entwicklung Deutschlands entscheidend mitgeprägt. Am jeweiligen Gebrauch der Formel »Ruhe und Ordnung« wird das Maß der Gefährdung von Rechts- und Rechtsstaatsidee deutlich ablesbar.

Der Autor:

Wolfgang Frühwald (1935, Augsburg). Studium der Germanistik, Geschichte, Philosophie, Geographie in München. Dr. Phil. Professor für Neuere deutsche Literaturgeschichte am Institut für Deutsche Philologie der Universität München. Arbeitsgebiete: Geistliche Prosa des Mittelalters; Deutsche Romantik und Moderne.

Reihe Hanser
Literatur-Kommentare
herausgegeben von Wolfgang Frühwald
Band 3

Wolfgang Frühwald

»Ruhe und Ordnung«

Literatursprache – Sprache der politischen Werbung

Texte, Materialien, Kommentar

Carl Hanser Verlag

Für die freundliche Genehmigung zum Abdruck folgender Texte danken Herausgeber und Verlag:

dem *Rowohlt Verlag* (Kurt Tucholsky, S. 14f., 41, in: K. T., Gesammelte Werke, Bd. II bzw. III; © Rowohlt Verlag GmbH, Reinbek bei Hamburg 1960);

dem *Kösel-Verlag* (Karl Kraus, S. 48f.; in K. K., Werke Band 1: ›Die Dritte Walpurgisnacht‹. Herausgegeben von Heinrich Fischer. Kösel. München 1965[3]. Mit freundlicher Genehmigung von Ben Fischer, London);

dem *S. Fischer Verlag* (Stefan Zweig, S. 49f.; in: St. Z., Die Welt von Gestern. Copyright 1949 by Bergmann–Fischer Verlag, Stockholm)

Die Abbildung auf S. 170 wurde dem Band 177 der Reihe Hanser (*Karl Arnold*, Drunter, drüber, mittenmang. Karikaturen aus dem ›Simplicissimus‹) entnommen.

Reihe Hanser 204
ISBN 3–446–12198–6

Ausstattung: Heinz Edelmann
Gesamtherstellung:
Friedrich Pustet, Regensburg
Printed in Germany

Inhalt

Vorwort

Wort- und Begriffsgeschichte, erläutert Reinhart Koselleck, habe »den Vorzug, der sozialen Geschichte nahe zu bleiben, vollzieht sie doch die sprachliche Eigenbewegung nach, in der sich geschichtliche Erfahrungen sammeln oder Hoffnungen formuliert sein wollen. Die den handelnden Menschen übersteigende Begriffsgeschichte ist insofern eine Variante der Sozialgeschichte.« (Koselleck, S. 17)

Einer solchen Auffassung von Begriffsgeschichte fühlt sich der vorliegende, als Handreichung für den wissenschaftlichen Unterricht in Schule und Hochschule konzipierte Band verpflichtet. Er versucht, an der Geschichte zentraler, rechtssprachlicher Begriffe, die in die Literatur und in die Sprache der Politik eingegangen sind, nicht allein Hintergrundsanalysen für das Verständnis eines großen Themenbereiches der deutschen Literatur des 19. und 20. Jahrhunderts zu geben, sondern auch aus der Perspektive der Ordnungsthematik die historische Betrachtung literarischer Phänomene zu ermöglichen. Die Analyse rechts- und literatursprachlicher Begriffe geriet dabei sehr rasch zur Darstellung eines weit verbreiteten, vor allem politisch eingesetzten Schlagwortes, und dieser notwendige Perspektivenwechsel gehört selbst zu den untersuchenswerten Erscheinungen einer – noch nicht geschriebenen – Sozialgeschichte der deutschen Literatur.

Daß die zitierten Werke der deutschen Literatur mit den hier gebotenen Deutungen keineswegs adäquat interpretiert sind, daß vielmehr nur *eine*, vielleicht bisher vernachlässigte Deutungsmöglichkeit neu aufgewiesen werden konnte und sollte, daß schließlich die komplizierte Interferenz von Literatursprache, Standardsprache, Fachsprache und Sprache der Politik nur thesenhaft und in Andeutungen erörtert werden konnte, muß kaum besonders betont werden. Auf dem zur Verfügung stehenden Raum war es nicht möglich und nicht erstrebt, eine vollständige Geschichte der Ordnungsthematik in Deutschland von der Goethezeit bis zur Gegenwart zu schreiben.

Da zum Thema speziell keine Untersuchungen existieren und der Anspruch auf die Gesamtdeutung der zitierten Texte nicht erhoben werden kann, wurde auf die Auseinandersetzung mit interpretierender Literatur weitgehend verzichtet. Dies hat zur Folge, daß vor allem der *Darstellungsteil*, in den die Belegsammlung zum Teil eingearbeitet wurde, vielleicht mehr als nötig, zu Kritik und Widerspruch reizt. Alle Polemik jedenfalls wurde in die Anmerkungen verwiesen, um die erstrebte Sachdiskussion nicht unnötig zu belasten.

Als thematischer Kommentar unterscheidet sich dieser Band insofern von anderen Bänden der Reihe, als der *Text-Teil* anthologisch angelegt werden mußte, wobei Wert darauf gelegt wurde, möglichst im Zusammenhang lesbare Texte zu den historischen Schwerpunkten des Themas auszuwählen. Diese Schwerpunkte sind

1. Die Zeit zwischen den Revolutionen
1789–1848,

also die Zeit im Spannungsfeld von bürgerlicher Revolution und Restauration; und

2. Die Zeit zwischen den Weltkriegen
1918–1939,

in Deutschland also die Zeit der Weimarer Republik und der Konsolidierung nationalsozialistischer Herrschaft.

Ein dritter erkennbarer Schwerpunkt, die sechziger und siebziger Jahre unseres Jahrhunderts, ist noch nicht in einer Anthologie, sondern erst in einer – hier aus Raumgründen nicht abgedruckten – Belegsammlung dokumentierbar.

Welcher Bereich innerhalb der Textanthologie dabei als der des Textes anzusprechen ist und welcher als der des Kontextes, ob der poetisch-literarische oder der politische und der fachsprachliche Sektor, ist zunächst eine Frage nach dem Standpunkt und dem Interesse des Lesers. Daß dieser Kommentar aus der Perspektive des Literarhistorikers geschrieben ist und damit eher die politischen Texte als die notwendigen, zeitgeschichtlichen Kontexte der Literatur angesehen haben möchte, kann er nicht verheimlichen.

Die *Einzelhinweise* zur Textanthologie bleiben – unter der eingeschränkten Perspektive der Ordnungsthematik – fragmentarisch und beschränken sich auf Anmerkungen, die zum Verständnis des Textbeispiels nötig sind.

Der Zusammenhang der chronologisch angeordneten Texte wird erst im Abschnitt *Darstellung* einsichtig. Daß auf umfangreichere poetische Texte, z. B. auf Grillparzers Erzählung ›Der arme Spielmann‹, auf Carl Zuckmayers deutsches Märchen ›Der Hauptmann von Köpenick‹, auf Ernst Ottwalts Roman-Reportage ›Ruhe und Ordnung‹ oder auf Stefan Zweigs Libretto zu der Oper ›Die schweigsame Frau‹, nur verwiesen werden konnte, versteht sich von selbst.

Trotz dem unsystematischen Anschein der Textanthologie ist schon aus ihr nicht nur die Schwerpunktbildung, sondern auch der thematische Zusammenhang zu erkennen.

Die Texte beginnen mit einem Auszug aus dem ›Allgemeinen Landrecht für die Preußischen Staaten‹ (1794), in dem die Formel »öffentliche Ruhe, Sicherheit, und Ordnung« vermutlich erstmals kodifiziert worden ist. Das ›Allgemeine Landrecht‹, ein unter Literarhistorikern noch immer allzu unbekanntes Buch, gehört bis heute zum selbstverständlichen Rüstzeug zahlloser Juristen-Generationen; die Juristen unter den deutschen Autoren belegen es. Die der Anthologie zugrundeliegende Belegsammlung bildet einen ersten Schwerpunkt im Zeitalter der Metternichschen Restauration und des Vormärz (etwa 1815–1848/49), da gerade in dieser Zeit sich der Rechtstext zum politischen Schlagwort verfestigte. Sie bildet einen zweiten Schwerpunkt in der Zeit zwischen den Weltkriegen, in der Ruhebedürfnis und Ordnungsverlangen so gesteigert erscheinen, daß nunmehr – nach der Metternichzeit – eine zweite große Ideologisierungswelle des Schlagwortes »Ruhe und Ordnung« festzustellen ist. Es ist dies eine Ideologisierungswelle, die der Nationalsozialismus nicht ausgelöst hat, der sich seine Propagandastrategen aber ungehindert bedienen konnten.

In Richtung auf die Gegenwart ist die Belegsammlung gleichsam »offen«, da nicht nur in älteren Texten neue Belege gefunden werden können, sondern an jedem Tag in allen Gegenden der Welt neue Beispiele produziert werden. Daß nun auch im deutschen Sprachbereich an die Stelle von »Ruhe und Ordnung« das Schlagwort »law and order« – mit vielfältigen Übersetzungen – getreten ist, welches einst ebenso unbescholten war, wie das die »Privatglückseligkeit« des Individuums meinende Versprechen der »Ruhe und Sicherheit«, hat nicht zu grundlegenden semantischen Verschiebungen geführt.

»Ruhe und Ordnung« wird bis zum heutigen Tage als eine spezifisch deutsche Sprachprägung empfunden, das Verlangen nach »Ruhe« und »Ordnung« gilt noch immer als die bevorzugte Eigenschaft des deutschen »Nationalcharakters«. Die ›Augsburger Allgemeine‹ zitierte am 22. Januar 1969 aus einem Instruktionsbüchlein für amerikanische Soldaten, die im Rahmen eines »Big-Lift-Manövers« aus Kansas nach Bayern transportiert wurden, Ratschläge der Armee-Psychologen für den »Umgang mit Deutschen«:

»Die Deutschen sind sehr fromme Leute. Sie schauen auf Gesetz und Ordnung, sowohl daheim wie auch in der Öffentlichkeit. Zuhause ist der Mann unbestrittener Chef. In der Kleidung, in den Manieren und bei Gesprächen sind die Deutschen viel formeller als wir. Wer bei ihnen zum Essen eingeladen wird, soll seine beste Uniform oder sein gediegenstes Zivil anziehen.«

›Der Spiegel‹ berichtete in der Nr. 6 vom 1. Februar 1971, daß »44 Prozent der Gastarbeiter in der Bundesrepublik glauben, von den Deutschen ›Ruhe und Ordnung‹ lernen zu können – 49 Prozent nehmen an, den Gastgebern ein Vorbild an ›Bescheidenheit‹ und ›Genügsamkeit‹ zu sein«, und Bundespräsident Heinemann mußte sich in seiner Weihnachtsansprache des Jahres 1970 gegen einen von ihm verlesenen Wunsch vieler Mitbürger zur Wehr setzen: »Wir bitten Sie, Herr Bundespräsident, dafür zu sorgen, daß wieder Ruhe und Ordnung in die politische Auseinandersetzung kommt.« (Presse- und Informationsamt der Bundesregierung. Bulletin Nr. 181. 29. 12. 1970)

So ist es nicht verwunderlich, daß nur gelegentliche Verweise auf fremdsprachige Formen des alten Schlagwortes gegeben werden können. In Frankreich blieb die Formel »l'ordre et la tranquillité«, die sich vor allem in der Restaurationszeit nachweisen läßt, in dieser dem Französischen fremden Form vereinzelt; vereinzelt blieb auch in Italien die Parole »ordine e quiete«, die im Kirchenstaat unter dem Pontifikat Pius IX. (1846–1878) auftauchte. Diese als Übersetzungen aus dem Deutschen kenntlichen Formeln belegen den europäischen Einfluß des »Systems Metternich«, wie heute das Vordringen der Formel »law and order« und ihrer Übersetzungen den prägenden Einfluß der USA auf das westliche Europa dokumentiert.

Verwunderlich allerdings ist, daß der lexikalische Befund, die Suche nach wissenschaftlicher Kodifikation des bekannten Schlagwortes »Ruhe und Ordnung« im ganzen gesehen negativ ist. Die Wörterbücher von Grimm, Weigand/Hirt, Sanders, Sanders/Wülfing, Heyne, Paul/Betz und andere verzeichnen die Formel nicht; Trübners ›Deutsches Wörterbuch‹ bietet einen Beleg aus dem Jahre 1905, Otto Ladendorfs ›Historisches Schlagwörterbuch‹ (1906) verzeichnet »Ruhe und Ordnung« nicht als Stichwort, gibt aber unter dem Stichwort »Fanatismus der Ruhe« einen Beleg aus dem Revolutionsjahr 1848. Auf Ladendorf basiert Walther Dieckmann (Information oder Überredung. Zum Wortgebrauch der politischen Werbung in Deutschland seit der Französischen Revolution, 1964), der einen weiteren Beleg aus der Zeit kurz nach 1848 hinzufügt. Adelung verzeichnet zwar verwandte Wendungen, wie »die öffentliche Ruhe wiederherstellen«, »Ruhe und Ordnung« als stehende Wendung aber nicht. –

Für ihre freundliche Hilfe bei der Komplettierung meiner Belegsammlung habe ich zu danken: Jürgen Behrens (Frankfurt am Main), Konrad Feilchenfeldt (München), Christoph Gerhardt (Trier), Eberhard Hoos (Trier), Diether Huhn (Berlin), Gerhard Janson (Augsburg), Bernhard König (Trier), Anthony W. Riley (Kingston, Ontario), Gerhard Schaub (Trier), Carel ter Haar (München), Johannes Vandenrath (Mailand). Karl Bopp (München) danke ich für die unermüdliche Beschaffung der entlegenen Zitatquellen, Gitta Schillbach (München) für die Ordnung der Belege, Wolfgang Schieder (Trier) für die Ermutigung, aus einem an versteckter Stelle gedruckten Vortrag eine allgemein zugängliche Arbeit zu machen.

TEXTE

Zur Anlage der Text-Anthologie

Die Texte wurden so ausgewählt, daß sie sich aufeinander beziehen und dieser Bezug nach Möglichkeit schon aus der Druckfolge erkennbar wird. So bezieht sich der Auszug aus dem Kronprinzen-Vortrag des Carl Gottlieb Svarez – zumindest indirekt interpretierend – auf das ›Allgemeine Landrecht‹, als dessen eigentlichen Schöpfer man Svarez bezeichnet hat. Die Urkunden der Metternichschen Anti-Revolutions-Politik geben einen ersten Eindruck von der politischen Atmosphäre jener Zeit, in der Brentanos Buch ›Das bittere Leiden unsers Herrn Jesu Christi‹ entstanden ist und auf deren Hintergrund es verstanden werden sollte.

Daß sich innerhalb des zweiten Text-Teiles die Reden von Joseph Goebbels am Beispiel Hitlers orientieren, ist deutlich zu erkennen, doch nimmt Goebbels in Bayern 1932 auch Bezug auf die bayerische Revolution des Jahres 1918/19, deren Ideologen, Gustav Landauer und Ernst Toller, mit zwei Redeausschnitten hier vertreten sind.

Der Ausschnitt aus der in propagandistischer Absicht zusammengestellten Dokumentation von Jakow Trachtenberg (1933) ist eine der Quellen für das 1933 verfaßte, dann aber nicht veröffentlichte Heft der ›Fackel‹ des Karl Kraus (›Dritte Walpurgisnacht‹), und Stefan Zweig wiederum bezieht sich in seiner Autobiographie mehrfach auf Hitlers ›Mein Kampf‹.

Auch zwischen den beiden historisch eingegrenzten Text-Teilen bestehen – über den vordergründigen Themabezug hinaus – Verbindungen, da etwa Kurt Tucholsky, der mit einem Gedicht aus der ›Weltbühne‹ vertreten ist, schon früh den Paragraphen 10 II 17 des ›Allgemeinen Landrechtes‹ zitiert und durch das Streben nach »Ruhe und Ordnung«, ebenso wie durch die kulturelle Scheinblüte der Weimarer Republik, sich an die Epoche Metternichs erinnert fühlt:

»Nun senkt sich auf die Fluren nieder
der süße Tran der Vorkriegszeit;
es kehren Ruh und Stille wieder,
getretener Quark wird weich und breit.

Und alle atmen auf hienieden:
 Jetzt haben wir Frieden.

<. . .>

Verrauscht ist Lärm und Trommelfeuer,
verweht das Leid der Inflation.
Wir hassen jedes Abenteuer –
wir wollen nicht mehr. Wir haben schon.

Wir pfeifen auf dem ersten Loche.
Nun liegt schon alles weit entfernt . . .
Wir spielen Metternich-Epoche
und haben nichts dazugelernt.«

(›Holder Friede‹, 1929, in: Tucholsky, Werke 3, S. 195f.)

Karl Kraus, der das Schlagwort »Ruhe und Ordnung« in der Häufung des Jahres 1933 als einen heimtückischen Euphemismus erkannte, kontrastierte es als Bestandteil der nationalsozialistischen Propagandasprache, die hier durch Auszüge aus Goebbels-Reden belegt wird, mit der Sprache Goethes, und Stefan Zweig zitierte in der ›Welt von gestern‹ das berühmte Wort Goethes aus der ›Belagerung von Mainz‹, das sich hier bei den Goethe-Texten findet. So gehen vielfältige, nicht immer sichtbar zu machende Fäden zwischen allen ausgewählten Texten hin und her.

Daß die Texte meist in Auszügen wiedergegeben werden, wurde nicht bei jeder Passage gesondert vermerkt. An den eingefügten Auslassungszeichen <. . .> ist erkennbar, daß thematisch akzentuierte Textteile, nicht lückenlose Dokumente gedruckt werden.

Sämtliche Texte folgen in Rechtschreibung, Orthographie und Hervorhebungen – Sperrdruck oder Fettdruck wird durch Kursive wiedergegeben – den in den Erläuterungen nachgewiesenen Druckvorlagen.

I. Die Zeit zwischen den Revolutionen 1789–1848

1. Das ›Allgemeine Landrecht für die Preußischen Staaten‹ (1794)

<. . .> §. 10. Die nöthigen Anstalten zur Erhaltung der öffentlichen Ruhe, Sicherheit, und Ordnung und zur Abwendung der dem Publico, oder einzelnen Mitgliedern desselben, bevorstehenden Gefahr zu treffen, ist das Amt der Polizey.
§. 11. Die Untersuchung und Bestrafung der gegen solche Polizeygesetze begangnen Uebertretungen kommt, sobald damit kein vorsätzliches oder schuldbares Verbrechen verbunden ist, der Polizeygerichtsbarkeit zu.
§. 12. Bey einem jeden Vorfalle, wodurch die unter der besondern Obsorge der Polizey stehende öffentliche Ruhe und Sicherheit gestört worden, hat die Polizeygerichtsbarkeit das Recht des ersten Angriffs, und der vorläufigen Untersuchung.
<. . .>

2. Carl Gottlieb Svarez (1746–1798): Über das Recht der Oberaufsicht. Rechte des Staats über die Religionsgesellschaften. 1791/92

<. . .> 1. Der Staat kann niemals und unter keinerlei Umständen berechtigt sein, einer Religionsgesellschaft vorzuschreiben, was sie lehren und wie sie ihren Gottesdienst einrichten solle. Es ist schon mehrmals vorgekommen und bewiesen worden, daß Meinungen und Gesinnungen außerhalb der Sphäre der gesetzgebenden Macht liegen und daß das die ärgste Tyrannei sei, welche über den Verstand und das Gewissen der Menschen ausgeübt werde. Es ist unmöglich, einer menschlichen Seele zu

befehlen, was sie erkennen oder glauben solle. Nur eigene freie Anwendung der Verstandeskräfte kann Erkenntnis und nur Überzeugung kann Glauben wirken. Der Staat kann also durch Lehrvorschriften nur Heuchler machen, und wenn er das Bekenntnis zu solchen Vorschriften mit Zwang fordert, so wird er Verfolger. Das Recht der Oberaufsicht ist, wie wir gesehen haben, bloß verneinend. Der Staat kann einer Gesellschaft nie vorschreiben, was sie tun, er kann ihr nur befehlen, was sie unterlassen soll. Der Staat ist also schuldig, einem jeden seiner Untertanen, er bekenne sich zu einer Religionspartei, zu welcher er wolle, die vollkommenste Gewissensfreiheit zu verstatten.

2. Der Staat kann die Ausübung einer Religion bloß um ihrer dogmatischen Lehrsätze willen niemals verbieten; er kann keiner Religionspartei bloß aus diesem Grunde die Aufnahme versagen oder deswegen irgendeine Religionsgesellschaft aufheben. Bloße dogmatische Begriffe und Meinungen von Gott und göttlichen Dingen, von dem Verhältnis des Menschen gegen die Gottheit, von seinem Zustande nach dem Tode können, wenn sie auch noch so falsch und unrichtig sind, auf das bürgerliche Leben und auf die Pflichten, die ein Mensch seinem Nächsten oder dem Staat schuldig ist, nie einen schädlichen Einfluß haben. Diese Pflichten, soweit sie Zwangspflichten sind und in die Erhaltung der bürgerlichen Ruhe und Ordnung einen Einfluß haben, sind von jenen spekulativen Meinungen ganz unabhängig. Sie folgen aus der Natur des Menschen und aus dem in dieser Natur liegenden Triebe nach Glückseligkeit. Es kann daher jemand, der von der Religion auch noch so irrige Begriffe hat, dennoch ein ruhiger Untertan und ein nützlicher Bürger ‹sein›. Alle in ihren theoretischen Lehrsätzen noch so verschiedenen Religionssysteme kommen daher auch in ihrem Unterricht von den moralischen Pflichten wenigstens soweit, als diese auf den Staat und die bürgerliche Gesellschaft Beziehung haben, im wesentlichen vollkommen überein. Friedrich der Große sagt in seiner Abhandlung über die Irrtümer des Verstandes: »Nicht von unserer Denkart über spekulative Materien, sondern von unserer Art zu handeln hängt das Glück der bürgerlichen Gesellschaft ab.« Die Erfahrung und die Geschichte aller Religionen bestätigt diesen Ausspruch auf das vollkommenste. Der Heide, der Mohametaner und der Jude, der Katholik und der

Protestant, der Deist und selbst der Gottesleugner lehren einmütig, daß der Mensch schuldig sei, seinen Nebenmenschen nicht zu beleidigen, einem jeden das Seine zu lassen, seine Verträge zu erfüllen, Betrug im Handel und Wandel zu vermeiden, den Gesetzen zu gehorchen und der Obrigkeit Folge zu leisten. Freilich sind die Motive, welche diese verschiedenen Religionsparteien aus ihren Lehrsystemen zur Erfüllung dieser Pflichten herleiten, in ihrem Wert und Gewicht sehr verschieden, und es ist nicht zu leugnen, daß eine Religion viel geschickter sei als die andere, ihre Anhänger nicht bloß zu den Pflichten der Gerechtigkeit, sondern auch zu den Tugenden des Wohlwollens zu vermögen, folglich Menschen aus ihnen zu bilden, durch welche auch die bürgerliche und öffentliche Glückseligkeit in einem vorzüglicheren Grade befördert werden kann. Aber daraus folgt weiter nichts, als daß der Staat wünschen muß, eine Religion, von welcher er eine vollkommenere Erreichung seiner Zwecke zu gewarten, unter seinen Bürgern soweit als möglich verbreitet zu sehen. Diesen Wunsch kann er aber nur durch Unterricht und Belehrung, nie durch Gesetze oder Strafen erreichen, weil es durchaus wider die Natur der menschlichen Seele ist, daß Glaube und Überzeugung in irgendeinem Falle durch Gewalt und Zwang sollten hervorgebracht werden können. Da nun nach den bei dem Rechte der Gesetzgebung vorgetragenen und erwiesenen Grundsätzen die Rechte des Staats sich nur auf die äußeren Handlungen seiner Bürger erstrecken, da auch die äußeren Handlungen nur insoweit, als sie Pflichten der Gerechtigkeit gegen andre und gegen den Staat selbst betreffen, vor den Richterstuhl des Staats gehören und Pflichten des Wohlwollens von ihm nicht geboten noch erzwungen werden können, da, wie wir soeben gesehen haben, die Pflichten der Gerechtigkeit von Religionsmeinungen ganz unabhängig sind, so folgt von selbst, daß der Staat nicht berechtigt sein kann, irgendeinem seiner Untertanen gewisse Religionsmeinungen aufzudringen oder ihn, weil er diesen Meinungen seinen Beifall versagt und andere annimmt, zu verfolgen, zu drükken und ihm den Genuß der bürgerlichen Rechte zu versagen. »Alle Religionen«, sagt Friedrich der Große in der Abhandlung über die Religion und den Aberglauben, »gehen in Ansehung der moralischen Pflichten nicht weit voneinander ab; sie können daher dem Staat alle gleichgültig sein, und dieser läßt einem jeden die Freiheit, auf welchem Wege er den Himmel suchen will. Er sei ein guter Bürger, das ist alles, was man von ihm fordert.« Kann nun der Staat den einzelnen nicht wehren, sich zu derjenigen Religion zu bekennen, die sie nach ihrer Einsicht und Überzeugung für die beste halten, so kann er auch denjenigen, die in ihren Religionsmeinungen übereinstimmen, nicht verbieten, daß sie sich zu gemeinschaftlichen Religionsübungen vereinigen und also Religionsgesellschaften formieren. Der Staat ist also nicht berechtigt, irgendeiner Religionspartei den Zutritt zu versagen oder sie mit Gewalt zu unterdrücken oder zu verjagen, bloß weil sie sich zu Meinungen bekennt, die für falsch und irrig gehalten werden. Er ist vielmehr schuldig, jede Religion in seinem Schoße zu dulden und ihren Anhängern die freie Ausübung derselben zu gestatten, solange er nicht findet, daß diese Religion moralische Lehren verkündige, die mit der öffentlichen Ruhe, Sicherheit und Ordnung nicht bestehen können.

3. Dagegen ist der Staat vermöge des ihm zukommenden Rechts der Oberaufsicht befugt und verpflichtet, auf das Moralische in dem System der verschiedenen Religionsparteien eine größere Aufmerksamkeit als auf ihre spekulativen Lehrsätze zu verwenden. Wenn es je eine Religionssekte geben sollte, die ihren Anhängern erlaubte, die Pflichten der Gerechtigkeit und natürlichen Billigkeit zu verletzen, die es erlaubte, daß ein Mensch um seines Vorteils willen den andern in seinen Rechten beeinträchtigen dürfe, die Betrug und Untreue billigte, die den Gesetzen des Staats den Gehorsam versagte oder die Bürger desselben zum Ungehorsam und zur Widersetzlichkeit gegen ihre Obrigkeiten aufforderte, so würde der Staat vollkommen berechtigt sein, die Ausbreitung einer solchen Religion zu untersagen und die Bekenner derselben aus seinen Grenzen zu entfernen. Wäre es z. E. gegründet, was man den Jesuiten Schuld gegeben hat, was sie aber nie haben an sich kommen lassen, daß ihr Religionssystem die Treulosigkeit gegen die sogenannten Ketzer billige und sogar den Königsmord rechtfertige, so würde dies allein schon hinreichen, alle gegen diesen Orden und zu dessen gänzlicher Ausrottung in neueren Zeiten ergangenen Verordnungen völlig zu rechtfertigen. Glücklicherweise aber kommen, wie schon oben bemerkt worden, fast alle Religionsparteien, soweit sie auch in ihren theoretischen Syste-

men voneinander abweichen, dennoch in dem, was die moralischen Pflichten und das Verhalten in der bürgerlichen Gesellschaft betrifft, soweit es dabei auf das wesentliche ankommt, miteinander überein. Der Staat wird also auch hierin schwerlich jemals einen Grund antreffen können, irgendeiner Religionspartei seinen Schutz zu versagen oder gar Zwangsmittel zu deren Unterdrückung anzuwenden.
4. Was endlich den äußerlichen Gottesdienst betrifft, so ergibt sich von selbst, daß, wenn der Staat nach den obigen Grundsätzen schuldig ist, eine Religionspartei zu dulden, er ihr auch gestatten müsse, ihre Verehrung des höchsten Wesens auf die ihren Religionsbegriffen gemäße Art auszudrücken. Der Staat muß es also den Religionsgesellschaften überlassen, wie sie ihren äußerlichen Gottesdienst einrichten wollen, und sich nur damit begnügen, daß durch die Feierung desselben die öffentliche Ruhe und bürgerliche Ordnung nicht gestört werden.

Vorstehende Betrachtungen geben uns also den richtigen Begriff von der Toleranz, deren Regeln folgende sind:
a) Der Staat muß jede Religionspartei, deren moralische Lehren nichts enthalten, was der öffentlichen Ruhe und Sicherheit und der bürgerlichen Ordnung zuwider wäre, dulden. Er muß keine derselben wegen bloß spekulativer Meinungen drücken und verfolgen.
b) Er muß jeder von ihm geduldeten Religionspartei die freie Übung ihres Gottesdienstes nach ihrem System gestatten, soweit dadurch die öffentliche Ruhe und Ordnung nicht gestört wird.
c) Jedem Bürger des Staats muß es frei stehen, zu welcher Religionspartei er sich halten wolle. Dies muß lediglich seiner eigenen Einsicht und Überzeugung anheimgestellt werden.
d) Der Staat muß niemand bloß seines Religionsbekenntnisses wegen von den Rechten und Vorteilen der bürgerlichen Gesellschaft ausschließen. Wer die Pflichten eines guten Bürgers erfüllt, dem müssen auch alle Rechte desselben zuteil werden.
e) Der Staat muß nicht gestatten, daß eine Religionspartei die andere beunruhige, drücke oder verfolge. Er muß dem Bekehrungsgeiste und dem Proselytenmachen Schranken setzen und darauf halten, daß eben die Duldung, die er selbst allen Sekten und Religionsparteien gestattet, auch eine jede derselben den übrigen widerfahren lasse.

Außer diesen wesentlichen Bestimmungen gibt es noch einige andre, die teils auf Verträgen und hergebrachten Verfassungen beruhen, teils von der Willkür des Staats und den Maßregeln abhängen, welche ihm die Klugheit nach den jedesmaligen Umständen an die Hand gibt. So kann der Staat, ohne gegen die Gesetze der Duldung zu handeln:

a) Eine Religion vor der andern begünstigen und unterstützen, sobald nur diese Begünstigungen nicht in eine Bedrückung der übrigen ausartet. Die Katholiken in Schlesien. Diezos in Preußen.

b) Wenn das Exercitium religionis publicum et privatum durch Verträge nicht bestimmt ist, so dependiert es vom Staat, welche Art von Exercitio er einer jeden Religionspartei einräumen will.

c) Wenn Verträge und Verfassungen darüber vorhanden sind, so ist der Staat berechtigt, dieselben zu maintenieren, und er kann, wenn er dieses tut, keiner Intoleranz beschuldigt werden.

d) Wenn eine Religionspartei Lehrsätze hat, die zwar an sich nicht gegen die bürgerliche Ruhe und Ordnung sind, aber doch ihre Bekenner hindern, an den Pflichten der bürgerlichen Gesellschaft teilzunehmen, so kann eine solche Religionspartei sich nicht beschweren, wenn ihr auch nur eine eingeschränktere Teilnahme an den Rechten der Gesellschaft gestattet wird; z. E. Juden und Memnonisten. <. . .>

3. Johann Wolfgang Goethe (1749–1832)

a) Wilhelm Meisters Lehrjahre. Ein Roman. (1795/96)
Aus dem zehnten Kapitel des fünften Buches

Singet nicht in Trauertönen
Von der Einsamkeit der Nacht;
Nein, sie ist, o holde Schönen,
Zur Geselligkeit gemacht.

Wie das Weib dem Mann gegeben
Als die schönste Hälfte war,

Ist die Nacht das halbe Leben,
Und die schönste Hälfte zwar.

Könnt ihr euch des Tages freuen,
Der nur Freuden unterbricht?
Er ist gut, sich zu zerstreuen;
Zu was anderem taugt er nicht.

Aber wenn in nächt'ger Stunde
Süßer Lampe Dämmrung fließt,
Und vom Mund zum nahen Munde
Scherz und Liebe sich ergießt;

Wenn der rasche lose Knabe,
Der sonst wild und feurig eilt,
Oft bei einer kleinen Gabe
Unter leichten Spielen weilt;

Wenn die Nachtigall Verliebten
Liebevoll ein Liedchen singt,
Das Gefangnen und Betrübten
Nur wie Ach und Wehe klingt:

Mit wie leichtem Herzensregen
Horchet ihr der Glocke nicht,
Die mit zwölf bedächt'gen Schlägen
Ruh und Sicherheit verspricht!

Darum an dem langen Tage
Merke dir es, liebe Brust:
Jeder Tag hat seine Plage
Und die Nacht hat ihre Lust.

b) Campagne in Frankreich 1792. Belagerung von Mainz (= Aus meinem Leben. Zweiter Abteilung Fünfter Teil) (1822). Auszug aus: Belagerung von Mainz

<...> Zum 25. Juli. Auf dem Chausseehause beschäftigte uns nun der fernere regelmäßige Auszug der Franzosen. Ich stand mit Herrn Gore daselbst am Fenster, unten versammelte sich eine große Menge; doch auf dem geräumigen Platze konnte dem Beobachtenden nichts entgehen.

Infanterie, muntere wohlgebildete Linientruppen kamen nun heran; Mainzer Mädchen zogen mit ihnen aus, theils nebenher, theils innerhalb der Glieder. Ihre eigenen Bekannten begrüßten sie nun mit Kopfschütteln und Spottreden: »Ei Jungfer Lieschen, will Sie sich auch in der Welt umsehen?« und dann: »Die Sohlen sind noch neu, sie werden bald durchgelaufen sein!« Ferner: »Hat Sie auch in der Zeit Französisch gelernt? – Glück auf die Reise!« Und so ging es immerfort durch diese Zungenruthen; die Mädchen aber schienen alle heiter und getrost, einige wünschten ihren Nachbarinnen wohl zu leben, die meisten waren still und sahen ihre Liebhaber an.

Indessen war das Volk sehr bewegt, Schimpfreden wurden ausgestoßen, von Drohungen heftig begleitet. Die Weiber tadelten an den Männern, daß man diese Nichtswürdigen so vorbeilasse, die in ihrem Bündelchen gewiß manches von Hab und Gut eines echten Mainzer Bürgers mit sich schleppten, und nur der ernste Schritt des Militärs, die Ordnung durch nebenhergehende Officiere erhalten, hinderte einen Ausbruch; die leidenschaftliche Bewegung war furchtbar.

Gerade in diesem gefährlichsten Momente erschien ein Zug, der sich gewiß schon weit hinweggewünscht hatte. Ohne sonderliche Bedeckung, zeigte sich ein wohlgebildeter Mann zu Pferde, dessen Uniform nicht gerade einen Militär ankündigte, an seiner Seite ritt in Mannskleidern ein wohlgebautes und sehr schönes Frauenzimmer, hinter ihnen folgten einige vierspännige Wagen mit Kisten und Kasten bepackt; die Stille war ahnungsvoll. Auf einmal rauscht' es im Volke und rief: »Haltet ihn an! schlagt ihn todt! das ist der Spitzbube von Architekten, der erst die Dom-Dechanei geplündert und nachher selbst angezündet hat!« Es kam auf einen einzigen entschlossenen Menschen an und es war geschehen.

Ohne weiteres zu überlegen, als daß der Burgfriede vor des Herzogs Quartier nicht verletzt werden dürfe, mit dem blitzschnellen Gedanken, was der Fürst und General bei seiner Nachhausekunft sagen würde, wenn er über die Trümmer einer solchen Selbsthülfe kaum seine Thür erreichen könnte, sprang ich hinunter, hinaus und rief mit gebietender Stimme: Halt!

Schon hatte sich das Volk näher herangezogen; zwar den Schlagbaum unterfing sich niemand herabzulassen, der Weg aber selbst war von der Menge versperrt. Ich wiederholte mein

Halt! und die vollkommenste Stille trat ein. Ich fuhr darauf stark und heftig sprechend fort: hier sei das Quartier des Herzogs von Weimar, der Platz davor sei heilig; wenn sie Unfug treiben und Rache üben wollten, so fänden sie noch Raum genug. Der König habe freien Auszug gestattet, wenn er diesen hätte bedingen und gewisse Personen ausnehmen wollen, so würde er Aufseher angestellt, die Schuldigen zurückgewiesen oder gefangen genommen haben; davon sei aber nichts bekannt, keine Patrouille zu sehen. Und sie, wer und wie sie hier auch seien, hätten, mitten in der deutschen Armee, keine andere Rolle zu spielen, als ruhige Zuschauer zu bleiben; ihr Unglück und ihr Haß gebe ihnen hier kein Recht, und ich litte ein für allemal an dieser Stelle keine Gewaltthätigkeit.

Nun staunte das Volk, war stumm, dann wogt' es wieder, brummte, schalt; einzelne wurden heftig, ein paar Männer drangen vor, den Reitenden in die Zügel zu fallen. Sonderbarer Weise war einer davon jener Perrückenmacher, den ich gestern schon gewarnt, indem ich ihm Gutes erzeigte. – Wie! rief ich ihm entgegen, habt ihr schon vergessen, was wir gestern zusammen gesprochen? Habt ihr nicht darüber nachgedacht, daß man durch Selbstrache sich schuldig macht, daß man Gott und seinen Oberen die Strafe der Verbrecher überlassen soll, wie man ihnen das Ende dieses Elends zu bewirken auch überlassen mußte, und was ich sonst noch kurz und bündig aber laut und heftig sprach. Der Mann, der mich gleich erkannte, trat zurück, das Kind schmiegte sich an den Vater und sah freundlich zu mir herüber; schon war das Volk zurückgetreten und hatte den Platz freier gelassen, auch der Weg durch den Schlagbaum war wieder offen. Die beiden Figuren zu Pferde wußten sich kaum zu benehmen. Ich war ziemlich weit in den Platz hineingetreten; der Mann ritt an mich heran und sagte: er wünsche meinen Namen zu wissen, zu wissen wem er einen so großen Dienst schuldig sei, er werde es zeitlebens nicht vergessen und gern erwidern. Auch das schöne Kind näherte sich mir und sagte das Verbindlichste. Ich antwortete, daß ich nichts als meine Schuldigkeit gethan und die Sicherheit und Heiligkeit dieses Platzes behauptet hätte; ich gab einen Wink und sie zogen fort. Die Menge war nun einmal in ihrem Rachesinne irre gemacht, sie blieb stehen; dreißig Schritte davon hätte sie niemand gehindert. So ist's aber in der Welt: wer nur erst über einen Anstoß hinaus ist, kommt über tausend. Chi scampa d'un punto, scampa di mille.

Als ich nach meiner Expedition zu Freund Gore hinaufkam, rief er mir in seinem Englisch-Französisch entgegen: Welche Fliege sticht euch, ihr habt euch in einen Handel eingelassen, der übel ablaufen konnte.

Dafür war mir nicht bange, versetzte ich; und findet ihr nicht selbst hübscher, daß ich euch den Platz vor dem Hause so rein gehalten habe? wie säh' es aus, wenn das nun alles voll Trümmer läge, die jedermann ärgerten, leidenschaftlich aufregten und niemand zu Gute kämen; mag auch jener den Besitz nicht verdienen den er wohlbehaglich fortgeschleppt hat.

Indessen aber ging der Auszug der Franzosen gelassen unter unserm Fenster vorbei; die Menge die kein Interesse weiter daran fand verlief sich; wer es möglich machen konnte, suchte sich einen Weg, um in die Stadt zu schleichen, die Seinigen, und was von ihrer Habe allenfalls gerettet sein konnte, wiederzufinden und sich dessen zu erfreuen. Mehr aber trieb sie die höchst verzeihliche Wuth ihre verhaßten Feinde die Clubbisten und Comitisten zu strafen, zu vernichten, wie sie mitunter bedrohlich genug ausriefen.

Indessen konnte sich mein guter Gore nicht zufrieden geben, daß ich, mit eigener Gefahr, für einen unbekannten, vielleicht verbrecherischen Menschen so viel gewagt habe. Ich wies ihn immer scherzhaft auf den reinen Platz vor dem Hause und sagte zuletzt ungeduldig: es liegt nun einmal in meiner Natur, ich will lieber eine Ungerechtigkeit begehen als Unordnung ertragen.

4. Urkunden der Metternichschen Antirevolutions-Politik

a) Die Karlsbader Beschlüsse (1819). Das Universitäts-Gesetz

§ 1. Es soll bei jeder Universität ein mit zweckmäßigen Instruktionen versehener, am Ort der Universität residierender, außerordentlicher landesherrlicher Bevollmächtigter, entweder in der Person des bisherigen Curators oder eines anderen, von der Regierung dazu tüchtig befundenen Mannes angestellt werden.

Das Amt dieses Bevollmächtigten soll sein, über die strengste Vollziehung der bestehenden Gesetze und Disziplinar-Vorschriften zu wachen, den Geist, in welchem die akademischen Lehrer bei ihren öffentlichen und Privatvorträgen verfahren, sorgfältig zu beobachten, und demselben, jedoch ohne unmittelbare Einmischung in das Wissenschaftliche und die Lehrmethoden eine heilsame, auf die künftige Bestimmung der studierenden Jugend berechnete Richtung zu geben, endlich allem, was zur Beförderung der Sittlichkeit, der guten Ordnung und des äußeren Anstandes unter den Studierenden dienen kann, seine unausgesetzte Aufmerksamkeit zu widmen.

Das Verhältnis dieser außerordentlichen Bevollmächtigten zu den akademischen Senaten soll, so wie alles, was auf die nähere Bestimmung ihres Wirkungskreises und ihrer Geschäftsführung Bezug hat, in den ihnen von ihren obersten Staatsbehörden zu erteilenden Instruktionen, mit Rücksicht auf die Umstände, durch welche die Ernennung dieser Bevollmächtigten veranlaßt worden ist, so genau als möglich festgesetzt werden.

§ 2. Die Bundesregierungen verpflichten sich gegeneinander, Universitäts- und andere öffentliche Lehrer, die durch erweisliche Abweichung von ihrer Pflicht oder Überschreitung der Grenzen ihres Berufs, durch Mißbrauch ihres rechtmäßigen Einflusses auf die Gemüter der Jugend, durch Verbreitung verderblicher, der öffentlichen Ordnung und Ruhe feindseliger oder die Grundlagen der bestehenden Staatseinrichtungen untergrabender Lehren, ihre Unfähigkeit zu Verwaltung des ihnen anvertrauten wichtigen Amtes unverkennbar an den Tag gelegt haben, von den Universitäten und sonstigen Lehranstalten zu entfernen, ohne daß ihnen hierbei, so lange der gegenwärtige Beschluß in Wirksamkeit bleibt, und bis über diesen Punkt definitive Anordnungen ausgesprochen sein werden, irgend ein Hindernis im Wege stehen könne. Jedoch soll eine Maßregel dieser Art nie anders, als auf den vollständig motivierten Antrag des der Universität vorgesetzten Regierungs-Bevollmächtigten oder von demselben vorher eingeforderten Bericht beschlossen werden.

Ein auf solche Weise ausgeschlossener Lehrer darf in keinem anderen Bundesstaate bei irgend einem öffentlichen Lehr-Institute wieder angestellt werden.
<. . .>

b) Auszug aus: Wiener Schlußakte (1820)

<. . .>
Art. 25. Die Aufrechterhaltung der innern Ruhe und Ordnung in den Bundesstaaten steht den Regierungen allein zu. Als Ausnahme kann jedoch in Rücksicht auf die innere Sicherheit des gesammten Bundes, und in Folge der Verpflichtung der Bundes-Glieder zu gegenseitiger Hülfsleistung, die Mitwirkung der Gesammtheit zur Erhaltung oder Wiederherstellung der Ruhe, im Fall einer Widersetzlichkeit der Unterthanen gegen die Regierung, eines offenen Aufruhrs, oder gefährlicher Bewegungen in mehreren Bundesstaaten, Statt finden.
Art. 26. Wenn in einem Bundesstaate durch Widersetzlichkeit der Unterthanen gegen die Obrigkeit die innere Ruhe unmittelbar gefährdet, und eine Verbreitung aufrührerischer Bewegungen zu fürchten, oder ein wirklicher Aufruhr zum Ausbruch gekommen ist, und die Regierung selbst, nach Erschöpfung der verfassungsmäßigen und gesetzlichen Mittel, den Beistand des Bundes anruft, so liegt der Bundes-Versammlung ob, die schleunigste Hülfe zur Wiederherstellung der Ordnung zu veranlassen. Sollte im letztgedachten Falle die Regierung notorisch außer Stande sein, den Aufruhr durch eigene Kräfte zu unterdrücken, zugleich aber durch die Umstände gehindert werden, die Hülfe des Bundes zu begehren, so ist die Bundes-Versammlung nichts desto weniger verpflichtet, auch unaufgerufen zur Wiederherstellung der Ordnung und Sicherheit einzuschreiten. In jedem Falle aber dürfen die verfügten Maßregeln von keiner längern Dauer seyn, als die Regierung, welcher die bundesmäßige Hülfe geleistet wird, es nothwendig erachtet.
Art. 27. Die Regierung, welcher eine solche Hülfe zu Theil geworden ist, ist gehalten, die Bundes-Versammlung von der Veranlassung der eingetretenen Unruhen in Kenntniß zu setzen, und von den zur Befestigung der wiederhergestellten ge-

setzlichen Ordnung getroffenen Maßregeln eine beruhigende Anzeige an dieselbe gelangen zu lassen.

Art. 28. Wenn die öffentliche Ruhe und gesetzliche Ordnung in mehreren Bundesstaaten durch gefährliche Verbindungen und Anschläge bedroht sind, und dagegen nur durch Zusammenwirken der Gesammtheit zureichende Maßregeln ergriffen werden können, so ist die Bundes-Versammlung befugt und berufen, nach vorgängiger Rücksprache mit den zunächst bedrohten Regierungen solche Maßregeln zu berathen und zu beschließen.

<. . .>

5. Clemens Brentano (1778–1842): Das bittere Leiden unsers Herrn Jesu Christi (1833)

Verspottung und erstes Wort Jesu am Kreuze

Nach der Kreuzigung der Schächer und der Theilung der Kleider des Herrn rafften die Schergen alle ihr Geräthe zusammen, schimpften und höhnten auf Jesum und zogen von dannen. Auch die übrigen anwesenden Pharisäer zu Pferd setzten sich in Bewegung, ritten um den Kreis vor das Angesicht Jesu, höhnten ihn mit vielen schmählichen Worten, und ritten von dannen. Ebenso zogen die hundert römischen Soldaten mit ihren Führern vom Berge und aus der Gegend ab, denn es zogen fünfzig andere römische Soldaten herauf und besetzten die Posten. Der Hauptmann dieser neuen Schaar war Abenadar, ein geborner Araber, der später Ctesiphon getauft ward, und der Unteroffizier hieß Cassius, er war eine Art Beiläufer des Pilatus und erhielt später den Nahmen Longinus. Es ritten auch von neuem zwölf Pharisäer, zwölf Sadduzäer, zwölf Schriftgelehrte und einige Aelteste herauf, worunter jene wiederkehrten, die abermals vergeblich von Pilatus eine andere Inschrift für den Kreuztitel begehrt hatten. Er hatte sie gar nicht einmal vor sich gelassen. Sie waren um so erbitterter. Sie ritten um den Kreis und vertrieben die heilige Jungfrau, welche sie ein loses Weib nannten; sie ward von Johannes zu den zurückstehenden Frauen gebracht, Magdalena und Martha hatten sie in den Armen.

Wenn sie, das Kreuz umziehend, vor das Angesicht Jesu kamen, schüttelten sie verächtlich den Kopf und sagten: »pfui über dich, Lügner! wie zerbrichst du den Tempel und baust ihn wieder in drei Tagen?« – »Andern hat er immer helfen wollen, und kann sich selbst nicht helfen, – bist du Gottes Sohn, so steige vom Kreuz herab«, – »ist er der König Israels, so steige er vom Kreuz nieder, so wollen wir ihm glauben.« – »Er vertraute Gott, der helfe ihm nun«; auch die Soldaten spotteten und sagten: »bist du der Judenkönig, so hilf dir nun.«

Als Jesus noch in der Ohnmacht so elend hing, sagte Gesmas der Schächer zur Linken: »sein Teufel hat ihn nun verlassen.« – Ein Soldat aber steckte einen Schwamm mit Essig auf einen Stab und hielt ihn Jesu vor das Angesicht, und er schien ein wenig zu saugen; das Höhnen währte fort. Der Soldat sagte: »bist du der Judenkönig, so hilf dir selbst.« Alles dieses geschah, während die frühere Schaar durch den Haufen des Abenadar abgelöst ward.

Jesus aber richtete sein Haupt etwas auf und sagte: *»Vater, vergieb ihnen, denn sie wissen nicht, was sie thun«*, und betete stille weiter; – da rief Gesmas: »bist du Christus, so hilf dir und uns!« Das Höhnen währte fort, aber Dismas, der rechte Schächer ward tief gerührt, als Jesus für seine Feinde betete, und da Maria ihres Kindes Stimme hörte, konnte ihre Umgebung sie nicht mehr zurückhalten, sie drang in den Kreis. Johannes, Salome und Maria Cleophä folgten ihr, und der Hauptmann vertrieb sie nicht.

Dismas, der rechte Schächer, erhielt durch das Gebet Jesu einen inneren Strahl der Erleuchtung, als die heilige Jungfrau herzutrat, und er erkannte innerlich, daß Jesus und seine Mutter ihm als Kind schon geholfen, und er erhob seine Stimme ganz mächtig und laut und sagte ungefähr folgendes: »wie ist es möglich, ihr lästert ihn und er betet für euch, er hat geschwiegen und geduldet, und betet für euch, und ihr lästert, er ist ein Prophet, er ist unser König, er ist Gottes Sohn!« Ueber diese unerwartete Strafrede aus dem Munde des elend hängenden Mörders, entstand ein Tumult unter den Spöttern und sie suchten Steine und wollten ihn am Kreuze steinigen. Der Hauptmann Abenadar aber wehrte ab, ließ sie auseinander treiben und stellte Ordnung und Ruhe her.

Unterdessen fühlte sich die heilige Jungfrau ganz gestärkt durch Jesu Gebet, und Dismas sagte zu Gesmas, welcher zu Jesus hinschrie: »wenn du Christus bist, so helfe dir und uns!« – »Und auch du fürchtest dich nicht vor Gott und leidest doch gleiches Urtheil; wir aber sind mit Recht in dieser Peinigung, denn wir empfangen den Lohn unsrer Thaten, dieser aber hat nichts Ungerechtes gethan. O! bedenke deine Stunde und wende deine Seele um, u. d. gl.« Er war aber ganz erleuchtet und gerührt und bekannte Jesu seine Schuld, sprechend: »Herr, wenn du mich verdammest, so geschieht mir recht, aber erbarme dich mein«, und Jesus sagte zu ihm: »du sollst meine Barmherzigkeit erfahren.« Dismas erhielt nun die Gnade einer tiefen Reue eine Viertelstunde lang.

Das zuletzt Erzählte geschah meistens alles zugleich und dicht hintereinander, von 12 bis 1/21 nach der Sonne, ein paar Minuten gleich nach der Kreuzaufrichtung; aber es wendete sich schnell alles anders in der Seele der meisten Zuschauer, denn noch unter den Reden des reumüthigen Schächers geschah ein großes Zeichen in der Natur und erfüllte Alle mit Angst.

<...>

Zustand der Stadt und des Tempels während der Finsterniß

Es war nun ungefähr halb zwei, und ich wurde in die Stadt geführt, zu sehen, wie es dort hergehe. Ich fand eine allgemeine Angst und Bestürzung, Nebel und Nacht lag in den Straßen, die Menschen tappten verwirrt umher, viele lagen in Winkeln mit verhülltem Haupte und schlugen an die Brust, viele schauten nach dem Himmel und standen auf den Dächern und wehklagten. Die Thiere brüllten und verbargen sich, die Vögel flogen niedrig, und fielen nieder. Ich sah, daß Pilatus den Herodes besucht hatte, und daß sie in großer Bestürzung nach dem Himmel schauten, auf derselben Terrasse, von welcher Herodes am Morgen die Verspottung Jesu mit angesehen. Dieses sey nicht natürlich, sagten sie, Jesus sey gewiß zu viel geschehen. Ich sah hierauf Herodes mit Pilatus nach dessen Pallast über das

Forum gehen, sie waren beide sehr geängstet, und giengen mit starken Schritten, von Wachen umgeben. Pilatus schaute nicht nach dem Richterstuhle Gabbatha hin, wo er Jesum verurtheilte. Das Forum war öde, die Leute eilten hie und da in die Häuser, andre liefen weheklagend umher. Es sammelten sich auch einige Haufen auf den öffentlichen Plätzen. Pilatus in seinem Pallaste ließ die Aeltesten aus den Juden berufen, und fragte sie: »was ihnen diese Finsterniß bedeute, er halte sie für ein drohendes Zeichen, ihr Gott scheine über sie zu zürnen, daß sie den Galiläer mit Gewalt zum Tode begehrt, der gewiß ihr Prophet und König gewesen sey, er habe seine Hände gewaschen u. s. w.« Sie aber blieben hartnäckig, legten alles als eine gewöhnliche Naturerscheinung aus, und bekehrten sich nicht. Jedoch hie und da bekehrten sich viele Leute, und zwar auch alle jene Soldaten, die gestern bei der Gefangennehmung Jesu am Oelberge gefallen und wieder aufgestanden waren.

Es sammelte sich unterdessen vieles Volk vor Pilati Schloß, und wo sie morgens geschrien: »kreuzige ihn, hinweg mit ihm!« schrien sie jezt: »ungerechter Richter! Sein Blut komme auf seine Mörder!« Pilatus mußte sich mit Soldaten umgeben, und jener Zadoch, der am Morgen als Jesus ins Richthaus gieng, seine Unschuld laut ausgerufen, schrie und lärmte dermaßen vor dem Pallaste, daß Pilatus ihn beinahe fest nehmen ließ. Pilatus, der elende Mensch ohne Seele, machte den Juden die größten Vorwürfe: »er habe keinen Theil daran, es sey ihr König, ihr Prophet, ihr Heiliger gewesen, den sie zum Tode gebracht, und nicht der seine, ihn gehe er nichts an, sie hätten seinen Tod gewollt.«

Im Tempel herrschte Angst und Schrecken im höchsten Grade, sie waren im Schlachten des Osterlammes begriffen, als die plötzliche Nacht einfiel, alles war verwirrt und hie und da brach bange Weheklage aus. Die Hohenpriester thaten alles, um die Ruhe und Ordnung zu erhalten; man steckte alle Lampen beim hellen Tage an, aber die Verwirrung ward nur noch größer. Ich sah Annas in peinliche Angst gerathen, er lief aus einem Winkel in den andern, sich zu verbergen. Als ich wieder zur Stadt hinausgieng, bebten die Schirme und Gitter vor den Fenstern der Häuser, und es war doch kein Sturm. Die Dunkelheit ward immer größer. Ich sah auch im äußeren Theile der

Stadt an der West-Nordgegend gegen die Stadtmauer zu, wo viele Gärten und Gräber sind, einzelne Grab-Eingänge einsinken, als wanke der Boden.
<...>

6. Heinrich Hoffmann (1809–1894): Der Heulerspiegel (1849)

<...>
Ja! Ich will Ruhe. Ich schwärme für Ruhe. Ich wühle für Ruhe. Ich bin ein Fanatiker der Ruhe und Ordnung, der Ruhe um jeden Preis. Könnte ich nur den Anarchisten in ganz Deutschland zurufen, daß sie Alle es hörten: Was wollt ihr denn? Euere Preßfreiheit ist ja keinen Pfennig werth, wenn keine Ruhe da ist, weil dann Niemand lesen kann und mag. Euer Versammlungsrecht ist ja ein Unding, wenn keine Ruhe herrscht, und die Leute unterwegs todt geschlagen werden. Was helfen Euch die Geschwornen, wenn die Lynchjustiz geübt wird? – Wahrhaftig, das wollt' ich ihnen zurufen, wenn es möglich wäre ohne gesehen zu werden.
<...>
Was doch einem in diesen Zeitläuften für entsetzliche Dinge begegnen können! Da war ich ohnlängst Abends in dem Vereine der Freunde für Ordnung und Ruhe. Ich finde dort einen Bekannten mit einigen Fremden im Gespräch; harmlos setze ich mich zu ihnen. Bald aber entdecke ich zu meinem Schrecken, daß ich mitten in ein Nest hyperrevolutionärer Wespen und terroristischer Hornisse getappt bin. Ich mußte stille halten, und da habe ich nun schöne Dinge über mich ergehen lassen müssen. Das Gespräch nahm bald eine Wendung, daß es mir schwarz und gelb vor den Augen wurde. Nachdem alles Bestehende um und um gestürzt war, rief ein kleiner Verzweifelter aus der preußischen Rheinprovinz: »Dat hilft All zu nichts. Wir müssen noch die Guillotine haben!«. Er sprach dies mit einer Ruhe und Behaglichkeit, als ob er bei dem Wirthe noch einen Schoppen Wein bestellte.

Das ist kein Zweifel, stimmte ein reisender Redacteur bei. Da das Fallbeil nur die Großen treffen wird, so bezweckt es nur die praktische Ausführung des Grundsatzes der Gleichheit.

Das ist aber entsetzlich! flüsterte ich leise.

Was, entsetzlich? rief mir der kleine Verzweifelte zu. Furcht ist nur der Eindruck des Ungewohnten. Man familiarisirt sich mit Allem. So haben in der Schreckensperiode der ersten Revolution die Frauen als Ohrschmuck kleine goldene Guillotinchen getragen. Zarte Frauen, ganz nah am Halse! Denken Sie sich! Ich werde mich morgen hinsetzen, und eine populäre Geschichte der Guillotine schreiben, ein Büchelchen für Stadt- und Landleute. Illustrationen müssen natürlich hinein. Es soll bewiesen werden, daß die Guillotine nichts ist als das schneidende Princip der Centripetalkraft.

Und dann, fiel der schreckliche Redacteur ein, erwarte ich von den Fortschritten der angewandten Mathematik und Physik Namentliches für die Technik der Maschine. Man wird hoffentlich bald zwei- und mehr-schläfrige Dampfguillotinen bauen, oder noch besser kleine portative Taschenguillotinen.

Nun gut! hub hier ein Mann an, der bis jetzt mit sichtlichem Wohlbehagen dem Verlaufe des Gespräches gefolgt, und, wie ich später erfuhr, Arzt und Professor der Anatomie war, »ich sehe, es eröffnen sich gute Zeiten für mein anatomisches Theater.«

– Ich stehe jederzeit als Debütant zu Befehl, frevelte der kleine Verzweifelte.

Es eilt nicht sehr, sprach lächelnd der Professor. Aus Ihnen werde ich ein Skelet verfertigen, und dazu müssen Sie ein Paar Wochen zuvor im Wasser liegen. Sie sehen also, daß wir noch etwas Zeit haben. Uebrigens können Sie sorgfältiger Behandlung und netter Arbeit versichert sein.

Alle brachen in ein schallendes Gelächter aus; ich aber stand mit gesträubtem Haare auf und ging. Und das nennt man einen Belagerungszustand! O über die Unvollkommenheit aller menschlichen Dinge!

<...>

7. Clemens Wenzel Fürst von Metternich (1773–1859)

a) Brief an Melchior Diepenbrock (1848)

Brighton, 23. Oktober 1848.

Lieber Fürst!

Karl Hügel hat mir Ihr Schreiben vom 12. zur Kenntniß gebracht: Die Gefühle, welche der Verstorbene dem Verstorbenen schenkt haben mich erfreut. Sie gehören zu den Lebendigen, u. es dürfte am Ende wohl möglich sein, daß in unsern ungewißen Tagen in den Verstorbenen mehr Leben liegt als in den des Lebens sich Rühmenden, in einer so gearteten Zeit. Sie irren sich nicht, wenn Sie auf meinen Gleichmuth bauen. – Dieser Muth gehört allen denjenigen, welche wißen was sie wollen, weil sie wissen, was Recht ist. In diesem Gefühle liegt meine Kraft, welche sich als Ruhe mitten in den Bewegungen zeigt. Die Geschichte, die größte Jury, gründet ihre Aussprüche auf zwei Grundlagen: auf die Vergangenheit, und auf die Zukunft, auf Ausgangs und Anfangs Punkte. Die Gegenwart bildet nur eine Brücke von dem einen zu dem andern Ufer: Das Leben verläuft auf den Ufern und nicht auf der Brücke, und daß ich mein Lager nicht auf dem Übergangspunkte aufschlage, das wird die Geschichte mir bezeugen. Eine andere weit wichtigere Lehre wird die Geschichte biethen – es ist die, daß die Freiheit nur auf der Grundlage des Rechtes, welches stets bei der Ordnung ist, zu Wurzeln vermag. Ich habe für die Ordnung gelebt und somit die Freiheit gewollt, nicht die schillernde, sondern die wahre, erwärmende belebende. Habe ich mich geirrt, so ist dieß nicht meinem Willen, sondern meiner Geistesschwäche zuzuschreiben. Die letztverfloßenen Monathe scheinen mir der Anklage nicht günstig zu sein: meine moralische Ruhe haben sie wenigstens nicht wankend zu machen vermocht! qui vivra verra – Zu den Lezten gehöre ich nicht. Die Geschichte wird aber leben und ihrem Verdict sehe ich getrost entgegen. Meine Frau dankt Ihnen herzlich für Ihre Erinnerung, es wird sie und mich freuen wenn wir uns im Leben noch treffen: wann? und wo? läßt die Gegenwart nicht bestimmen; ich kenne in der Welt nur zwei Plätze: den auf der Bühne und in der Loge. Von der Bühne abgetreten habe ich die Loge bezogen: in den Coulissen weiß ich nicht zu stehen, im Parterre finde ich die Gesellschaft zu gemischt, und das Paradies suche ich in der andern, nicht in dieser Welt. Sie wißen sonach, wo ich zu finden bin. Empfangen Sie die Versicherungen meiner Ihnen bekannten Gesinnungen.

Fürst Metternich.

b) Brief an den österreichischen Außenminister Graf Buol-Schauenstein (1852)

den 4. Dez<ember 1852>

Ich danke Ihnen, mein lieber Graf, für die Worte der Beruhigung, welche Sie an mich haben ergehen lassen. Niemand kann auf dieses Gefühl mehr Werth legen als ich, dessen Geistesgang nur Befriedigung *in der Ordnung* findet und Ordnung und Ruhe sind untrennbare Begriffe wie die von Ursache und Wirkung. Von der gediegenen Ruhe kann übrigens heute nicht die Rede sein; die Elemente aus welchen die Ordnung sich herausbilden sollte, stehen noch zu sehr im Kampfe untereinander. Von dem Abläugnen der Tatbestände habe ich mich stets fern gehalten und heute nicht mehr als im Verlauf meines langen Lebens laufe ich die Gefahr mich an dieser Klugheits Regel zu versündigen.

»Frankreich und England, haben sich verständigt.«

Worüber sind die zwei Cabinette Einig geworden? Dieß ist die Frage, ohne den Abbruch zu thun: »können diese Cabinette sich über Etwas einigen was dritten nicht zu Last fällt?« Ich gestehe das Gegentheil nicht für Möglich zu halten und bin sonach stets bereit das Gegentheil, als eine Ausnahme mit Freude zu begrüßen.

Meine besten Wünsche begleiten die Entwicklung der Knoten, welche die Aufgabe der neuen Conferenz sein wird. Wenn es auf unsere beiderseitigen Wünsche Allein ankäme, so wäre der gute Ausschlag nicht ein in Frage zu stellender.

Ich habe Richard Ihre Zustimmung kund gegeben.

Ohne Courtoisie.

Metternich.

II. Die Zeit zwischen den Weltkriegen 1918–1939

1. Aus einer Rede Gustav Landauers im Provisorischen Nationalrat des Volksstaates Bayern am 18. Dezember 1918

<...>
Aber das Schauspiel, das sich nach vollzogenem ersten Akt der Revolution in Deutschland ergab, wäre meiner innersten Überzeugung nach in jedem andern Lande unmöglich gewesen. Es kam nämlich das Schauspiel, daß die, die maßlos im großen ganzen überrascht worden waren, die auch erschreckt waren, auf einmal sich wieder erholten und sich sagten, nicht bloß sich sagten, sondern sofort in die Welt schrieen: Es ist noch nichts geschehen, es ist gar nichts geschehen; erst müssen wir mitstimmen, erst muß die Nationalversammlung kommen, es ist noch gar nichts getan, erst muß auf Grund des Wahlrechts das Volk zusammentreten und muß beschließen; da muß natürlich die Frage vorgelegt werden: Ist die Revolution zu Recht vollzogen worden? Erkennen wir sie an? Wollen wir die Republik, wie sie sich die Revolutionäre denken, oder wollen wir sie anders? Wollen wir das Haus Wittelsbach wieder zurückrufen usw.? Das alles soll die Nationalversammlung erst noch einmal entscheiden. Ich bin überzeugt, es gibt einige gutgläubige Professoren, die sich gar nichts Schlimmes dabei denken, sondern die meinen, es muß alles auf diesem Wege Rechtens vollzogen werden. Revolution bricht Recht, Revolution schafft neues Recht und das neue Recht ist nicht da, so lange die Revolution da ist; das neue Recht wird gemacht, das neue Recht wird von schöpferischer Kraft gemacht. Da fragt kein Mensch mehr, ob es eine Mehrheit der Vergangenheit ist, die da zuständig ist, oder ob vielmehr die Gesamtheit der Zukunft es ist, die, wie sie in den vereinsamten Propheten Jahrzehnte und Jahrhunderte hindurch ganz alleiniglich gelebt hat, so jetzt vielleicht bloß in einer kleinen Gruppe lebt. Es ist die Zukunft, es ist die Gesamtheit, die immer sich kristallisiert zeigt in der Revolution; und

die, die jetzt die Mehrheit spielen wollen, das sind Vergangenheitsmächte, das sind solche, die in Wahrheit, obwohl sie sich noch lebendig stellen, genau so tot sind wie das alte System. Die Revolution wird Parteien zeugen, das haben die bürgerlichen Parteien gemerkt und haben sich darum gleich am 9. oder 10. November umkostümiert. So geht das nicht, daß man mit neuer Tracht eine neue Partei ist. Darauf fällt ein großer Teil des politisch unerzogenen deutschen Volkes vielleicht herein, vielleicht aber auch nicht. Nun, ich möchte, daß die Revolution so gut, so friedfertig und so kurz wie nur möglich geht; sollte es aber so kommen, daß die kommende Nationalversammlung z. B. oder der Landtag in Bayern eine Mehrheit des alten, des gar nicht mehr Seienden präsentiert, so ist das bloß ein Zeichen, daß der Weg der Revolution schwieriger und länger sein wird.

(Sehr gut!)

Ich sage das nicht zur Warnung, ich sage das noch weniger zur Drohung, das liegt mir durchaus ferne, ich sage es, weil ich Revolutionäre und Revolution kenne, weil ich weiß, die Revolution weicht nicht, das Weichende, das Schwankende, das liegt in all denen, soweit sie ehrlich sind, die von der Revolution noch nicht ganz und gar berührt sind; und die Hoffnung ist, ich sage das frei heraus, daß auch unter denen, die irgendwie von Parteien unter irgendwelcher Schlendrianparole gewählt sind, wenn sie unter die Einwirkung von Revolutionären kommen, gar manche innerlich erweicht, innerlich zart werden, daß sie dem Neuen, dem uralt Echten, Gerechten und Freiheitlichen zugänglich werden. Das wollen wir hoffen, um des Friedens willen, damit wir schnell zu den ruhigen, geordneten Zuständen der Zukunft kommen, die wir wünschen. Wenn es aber nicht möglich ist: das erste auf unserer Fahne ist nicht Ruhe und Ordnung, das erste auf unserer Fahne ist die neue Welt, der neue Geist, das neue Volk, der neue Zustand. Wir Deutschen sind die letzten in der Revolution, das legt uns die letzte Verpflichtung auf; wer zuletzt lacht, lacht am besten, wer zuletzt die politische Revolution macht, hat sie am gründlichsten und am besten zu machen. Was sich aus der Französischen Revolution ergeben hat, die westliche Demokratie, die Börsenrepublik, kann nicht unser Muster, nicht unser Ziel sein. Wir sehen anderes vor uns, die neue Demokratie ist vor uns.

<...>

2. Aus einer Rede Ernst Tollers vor dem Kongreß der bayerischen Arbeiter-, Bauern- und Soldatenräte am 27. Februar 1919

Genossen, Genossinnen! Als ich gestern am Grabe Eisners stand, erfüllte mich nicht nur die Trauer um einen Toten, da erfüllte mich die Trauer um alle Lebenden, von denen ich wußte, in welch materieller und seelischer Not sie sich befinden und welch noch größerer materieller und seelischer Not sie in den nächsten Monaten entgegengehen werden. Eisner kämpfte nicht nur um die wirtschaftliche Umgestaltung Bayerns und Deutschlands, er kämpfte, er rang um die Seele des deutschen Volkes, das noch nicht um seine Seele weiß und das vielleicht von Elend zu Elend, von Station zu Station gehen wird, bis es endlich in sich den Menschen finden wird, den Menschen, den in Freiheit und Liebe zum Mitmenschen Gebundenen.

Mir fiel ein Wort Nietzsches ein: »Siehe die Guten und Gerechten. Wen hassen sie am meisten? Den, der zerbricht ihre Tafeln der Werte, den Brecher, den Verbrecher, der aber ist der Schaffende. Siehe die Gläubigen aller Glauben. Wen hassen sie am meisten? Den, der zerbricht ihre Tafeln der Werte, den Brecher, den Verbrecher, der aber ist der Schaffende.« Und gerade weil Eisner ein Schaffender war, gerade weil er ein Geistiger war, ging ich mit der Zuversicht fort, die Friedrich Adler bei seiner Verurteilung in die Worte gekleidet hat: Sie sind nicht tot, die gestorben sind, denn sie töten den Geist nicht!

Als wir nach der Revolution immer wieder hinwiesen, wir befinden uns erst im Anfangsstadium, die Revolution wird noch durch ganz andere Etappen schreiten, da wurden wir von den »Ruhe- und Ordnung«-Schreiern als Unruhestifter, als unverantwortliche Elemente – auch von der »Münchener Post« – gekennzeichnet.

(Hört!)

Wir besaßen zwar hier eine andere Republik als in Norddeutschland, wo man den Kaiserismus ohne Kaiser hat. Das weiß man auch im Ausland, und wir müssen es bestätigen, wenn wir in Preußen die Scheidemann, Ebert und Noske im Bunde mit Generalen und sämtlichen volksfeindlichen Kreisen sehen. Wir hatten in Bayern keine sozialistische Republik, denn wenn wir in unsere Verwaltung und Regierung hineinschauten, fanden sich noch Herren des alten Systems, jene Kompromittierten, die sich so schwer am deutschen Volke vergangen haben. Was geschah da? Eisner berief allzuschnell den Landtag ein. Dieser Landtag stob auseinander in dem Augenblick, wo Minister erschossen und schwerverwundet wurden und überließ das Geschick des Volkes den Arbeiterräten, jenen Arbeiterräten, von denen man nur als Volksfeinde gesprochen hatte. Dieser Landtag hatte nicht mehr den Mut, den Willen, das Verantwortlichkeitsgefühl, die Geschicke des Volkes in die Hand zu nehmen in einem Augenblick, in dem es am dringendsten nötig war. Ich sage Ihnen, Sie mögen sich zum Landtag stellen wie Sie wollen, für mich hat ein Landtag überhaupt keinen Sinn mehr. Dieser Landtag, dieser gewählte Landtag, der auseinandergelaufen ist, hat dieses Recht verloren, noch ein einziges Mal irgendwie die Geschicke des bayerischen Volkes leiten zu wollen.

(Sehr wahr!)

Wie stehen wir heute? Gerade weil wir das bayerische Volk nicht chaotischen Verhältnissen entgegenführen wollen, müssen wir, die Räte, die Beauftragten der körperlichen und geistigen Arbeiter, die Geschicke des Volkes in die Hand nehmen. Hier ist nun die große Streitfrage: Räterepublik oder parlamentarische Republik. Eigentlich, das muß ich konstatieren, sind wir von der äußersten Linken bis zur äußersten Rechten alle einig, daß wir im Augenblicke die Verwaltung durch die Räte halten müssen.

(Rufe: Sehr richtig!)

Also damit stimmen wir – wir wollen uns keine Illusionen vormachen – dem System der Räterepublik zu.

<. . .>

3. Aufruf zu »Ruhe und Ordnung« im Escherich-Heft Nr. 11/12 (München 1921)

Was kannst Du tun?

1. Schimpfe nicht über die allgemeine Verderbtheit, sondern gib selber ein Beispiel der Anständigkeit, die Du bei anderen wünschest: erfülle Deine Steuerpflichten als ein ehrlicher Mensch.
2. Sorge dafür, daß Hamstergeld umgewechselt wird in sichere Papiere, die außerdem noch Zinsen tragen.
3. Tue Deine Arbeit freudig, denn sie ist der einzige Weg in eine bessere Zukunft. Leiste Überstunden oder Akkordarbeit, wo es nötig ist.
4. Kaufe keine ausländischen Waren, wo es ebensogute deutsche gibt. Der Kauf ausländischer Luxuswaren ist eine Sünde wider Dein Volk. Wenn Du Dein Geld für fremdländische Fertigfabrikate ausgibst, entziehst Du Deinem deutschen Volksgenossen Arbeit und Brot.
5. Tue, was in Deinem Einfluß steht, um die Schund-Industrie zu unterdrücken. Hilf mit, daß nur Wertarbeit, Präzisionsarbeit ins Ausland kommt, damit in der Welt wieder »gute Ware« gleichbedeutend wird mit »deutscher Ware«.
6. Unterstütze nichts, was durch Unruhen eine Besserung der Lage zu erreichen vorgibt. »Ruhe und Ordnung« ist kein »reaktionäres Schlagwort«, sondern die erste Vorbedingung für unsere wirtschaftliche Gesundung. Wenn Du krank bist, sind vielleicht auch Arzneien nötig, aber die Hauptsache ist Bettruhe. Streiks sind wie Fieber im Körper der Wirtschaft.
7. Hilf mit, daß wir wieder die Achtung des Auslandes erobern. Nenne Deine Volksgenossen, die politisch anderer Meinung sind als Du, nicht »verblendet« oder »reaktionär«, sondern vergiß über die Meinungsverschiedenheiten nicht das Gemeinsame: daß wir alle Deutsche sind. Als Deutsche haben wir alle unter den Demütigungen von Versailles zu leiden. Eine neue Freiheit können wir nur gewinnen als ein einiges Volk.

4. Kurt Tucholsky (1890–1935): Ruhe und Ordnung, in: Die Weltbühne 13. Januar 1925

Ruhe und Ordnung

Wenn Millionen arbeiten, ohne zu leben,
wenn Mütter den Kindern nur Milchwasser geben –
das ist Ordnung.
Wenn Werkleute rufen: »Laßt uns ans Licht!
Wer Arbeit stiehlt, der muß vors Gericht!«
Das ist Unordnung.

Wenn Tuberkulöse zur Drehbank rennen,
wenn dreizehn in einer Stube pennen –
das ist Ordnung.
Wenn einer ausbricht mit Gebrüll,
weil er sein Alter sichern will –
das ist Unordnung.

Wenn reiche Erben im schweizer Schnee
jubeln – und sommers am Comer See –
dann herrscht Ruhe.
Wenn Gefahr besteht, daß sich Dinge wandeln,
wenn verboten wird, mit dem Boden zu handeln –
dann herrscht Unordnung.

Die Hauptsache ist: Nicht auf Hungernde hören.
Die Hauptsache ist: Nicht das Straßenbild stören.
Nur nicht schrein.
Mit der Zeit wird das schon.
Alles bringt euch die Evolution.

So hats euer Volksvertreter entdeckt.
Seid ihr bis dahin alle verreckt?
So wird man auf euern Gräbern doch lesen:
sie sind immer ruhig und ordentlich gewesen.

5. Adolf Hitler (1889–1945): Mein Kampf. Die nationalsozialistische Bewegung. 2. Band (1927)

a) 2. Kapitel: Der Staat

<. . .>

Gerade unser deutsches Volk, das heute zusammengebrochen den Fußtritten der anderen Welt preisgegeben daliegt, braucht jene suggestive Kraft, die im Selbstvertrauen liegt. Dieses Selbstvertrauen aber muß schon von Kindheit auf dem jungen Volksgenossen anerzogen werden. Seine gesamte Erziehung und Ausbildung muß darauf angelegt werden, ihm die Überzeugung zu geben, Andern unbedingt überlegen zu sein. Er muß in seiner körperlichen Kraft und Gewandtheit den Glauben an die Unbesiegbarkeit seines ganzen Volkstums wiedergewinnen. Denn was die deutsche Armee einst zum Siege führte, war die Summe des Vertrauens, das jeder Einzelne zu sich und alle gemeinsam zu ihrer Führung besaßen. Was das deutsche Volk wieder emporrichten wird, ist die Überzeugung von der Möglichkeit der Wiedererringung der Freiheit. Diese Überzeugung aber kann nur das Schlußprodukt der gleichen Empfindung von Millionen Einzelner darstellen.

Auch hier gebe man sich keiner Täuschung hin:

Ungeheuerlich war der Zusammenbruch unseres Volkes, ebenso ungeheuerlich aber wird die Anstrengung sein müssen, um eines Tages diese Not zu beenden. Wer glaubt, daß unser Volk aus unserer jetzigen bürgerlichen Erziehungsarbeit zur Ruhe und Ordnung die Kraft erhält, eines Tages die heutige Weltordnung, die unseren Untergang bedeutet, zu zerbrechen und die Kettenglieder unserer Sklaverei den Gegnern ins Gesicht zu schlagen, der irrt bitter. Nur durch ein Übermaß an nationaler Willenskraft, an Freiheitsdurst und höchster Leidenschaft wird wieder ausgeglichen werden, was uns einst fehlte.
<. . .>

b) 15. Kapitel: Notwehr als Recht

<...>
Vor der ganz gleichen Situation wie 1918 stand man aber im Jahre 1923. Ganz gleich zu welcher Art von Widerstand man sich entschloß, immer war die erste Voraussetzung die Ausscheidung des marxistischen Giftes aus unserem Volkskörper. Und es war, meiner Überzeugung nach, damals die allererste Aufgabe einer wirklich nationalen Regierung, die Kräfte zu suchen und zu finden, die entschlossen waren, dem Marxismus den Vernichtungskrieg anzusagen, und diesen Kräften dann freie Bahn zu geben; es war ihre Pflicht, nicht den Blödsinn von »Ruhe und Ordnung« anzubeten in einem Augenblick, da der äußere Feind dem Vaterlande den vernichtendsten Hieb zufügt und im inneren der Verrat an jeder Straßenecke lauerte. Nein, eine wirklich nationale Regierung mußte damals die Unordnung und die Unruhe wünschen, wenn nur unter ihren Wirren endlich eine prinzipielle Abrechnung mit den marxistischen Todfeinden unseres Volkes möglich wurde und stattfand. Unterließ man dies, dann war jeder Gedanke an einen Widerstand, ganz gleich nach welcher Art, purer Wahnsinn.
<...>

6. Joseph Goebbels (1897–1945)

a) Wahlrede in Bayern im Juli 1932

<...>
Wir haben zwölf Jahre lang unser Hakenkreuzabzeichen getragen, jetzt kommen sie mit ihren Sklarek-Pfeilen. Wir haben zwölf Jahre lang mit »Heil Hitler« gegrüßt, jetzt erheben sie die Hand und sagen »Freiheit«. Man weiß nicht, was das bedeuten soll. Ist das ein Wunsch oder eine Feststellung? Man sollte vermuten, eine Feststellung, denn man kann sich nicht vorstellen, daß eine Partei, die vierzehn Jahre lang die Macht hatte, sich etwas wünschen könnte. Sie hatten vierzehn Jahre lang Zeit, ihre Wünsche zu erfüllen; warum haben sie diese nicht erfüllt

und die Freiheit verwirklicht? Jetzt mit einem Male wollen sie Opposition spielen.

Vierzehn Jahre haben sie nur von Ruhe und Ordnung gesprochen und von Frieden, und jetzt reden sie wieder von Barrikaden und von Aufstand und Widerstand und »weichen nur der Gewalt« und »werden die Röcke ausziehen«. *Aber wenn man vierzehn Jahre in der Regierung saß, dann hat man den Geruch der Massen aus der Nase verloren.* Hier gilt das Wort von Schiller aus »Kabale und Liebe«: »Deine Limonade ist matt, Luise!«

Man glaubt es ihnen nicht mehr, es wirkt unecht, hohl und flach, vor allem, wenn man so viel auf dem Kerbholz hat. <...>

b) Rede in Berlin am 1. April 1933

<...>
Ich erkläre hier feierlich vor ganz Deutschland und vor der ganzen Welt: *Wir wollen mit der Welt in Frieden leben.* Das deutsche Volk will keinen Krieg, wir wollen wieder anständig werden, wir wollen wieder unserer täglichen Arbeit nachgehen. Wir haben nicht die Absicht, uns unnötige Feinde anzuschaffen. Wir wollen allen Völkern wohl, die uns unsere Ehre und unser tägliches Brot lassen. Wir bedauern nur die Völker, die der jüdischen Greuelkampagne gegen Deutschland zum Opfer fallen. Wir bedauern nur, daß große Teile der Welt über Deutschland sich heute ein falsches Bild machen. Dann muß man eben andere Mittel anwenden, um die Welt aufzuklären. Wir wollen keine Gesetzlosigkeit. Das, was sich jetzt in Deutschland abspielt, wird sich in Ruhe und Ordnung und in Disziplin vollziehen.

Um den Juden eine längere Bedenkfrist zu geben, werden wir von Sonnabend abends bis Mittwoch 10 Uhr eine Boykottpause eintreten lassen. Wir warten in der Pause ab, ob während dieser drei Tage die Greuelhetze völlig verstummt. Wenn ja, dann sind wir bereit, zu normalen Verhältnissen zurückzukehren, wenn aber nein, dann wird der Boykott so aufgenommen, daß er das deutsche Judentum vernichtet! Juden haben es nun in der Hand, sich eines Besseren zu besinnen. Man soll nicht

zweifeln an unserer Entschlossenheit, man soll sich auch nicht einem Irrtum hingeben über die Stimmung des deutschen Volkes. Das Volk wird mit uns durch dick und dünn gehen! Das Volk versteht uns. Wenn die nationalsozialistische Parteileitung den Boykott nicht organisiert hätte, dann wäre er aus dem Volke selbst emporgestiegen. *Das deutsche Volk von heute ist ein anderes als das, das sich im November 1918 unterdrücken ließ.*
<...>

c) Rundfunkrede am 19. April 1945

<...>
Zeiten wie die, die wir heute durchleben, erfordern von einem Führer mehr als nur Einsicht, Weisheit und Tatkraft; es ist zu ihrer Bewältigung eine Art von Zähigkeit und Ausdauer, von Tapferkeit des Herzens und der Seele vonnöten, die nur selten in der Geschichte auftritt, die aber, wenn sie wirksam wird, zu den bewundernswertesten Leistungen menschlichen Genies führt. Buckhardt sagt einmal in seinen weltgeschichtlichen Betrachtungen: »Schicksale von Völkern und Staaten, Richtungen von ganzen Zivilisationen können daran hängen, daß ein außerordentlicher Mensch gewisse Seelenspannungen und Anstrengungen ersten Ranges in gewissen Zeiten aushalten kann. Alles Zusammenaddieren gewöhnlicher Köpfe und Gemüter nach der Zahl kann dieses nicht ersetzen.«

Wer wollte bestreiten, daß der Führer für unsere Zeitepoche wie für den Ablauf einer kommenden, viele Generationen überdauernden allein das Recht hat, sich auf dieses Wort zu berufen und es auf seine Person und auf sein Wirken zu beziehen. Was haben dann die feindlichen Staatsmänner dem im Ernst entgegenzusetzen? *Nichts als das Übergewicht der Zahl, ihren stupiden Zerstörungswahnsinn, eine diabolische Vernichtungswut, hinter der schon das Chaos der Auflösung der zivilisierten Menschheit lauert.*

Was ist aus ihren so laut und pathetisch proklamierten Beglückungsthesen, was aus ihrer Atlantik-Charta und aus ihren vier Freiheiten geworden? Nur Hunger, Elend, Pestilenz und Massensterben. *Ein ganzer geschändeter Erdteil klagt sie an.*

Ehemals blühende Städte und Dörfer in allen Ländern Europas sind in Kraterlandschaften verwandelt worden; Hunderttausende, ja Millionen wehrloser Frauen und Kinder im Norden, Osten und Südosten des Kontinents seufzen und weinen unter der rasenden Geißel des Bolschewismus.

Die *glänzendste Kultur,* die die Erde jemals getragen hat, *sinkt in Trümmern* dahin und hinterläßt nur noch ein Andenken an die Größe einer Zeit, die diese satanischen Mächte zerstörten. Die Völker werden erschüttert *von schwersten wirtschaftlichen und sozialen Krisen,* die Vorboten kommender furchtbarer Ereignisse sind. Unsere Feinde behaupten, daß die Soldaten des Führers als Eroberer durch die Länder Europas zogen, – aber wohin sie kamen, verbreiteten sie *Wohlstand und Glück, Ruhe, Ordnung, gefestigte Verhältnisse, Arbeit* in Hülle und Fülle und als Folge davon *ein menschenwürdiges Leben.* Unsere Feinde behaupten, ihre Soldaten kämen in dieselben Länder als Befreier; aber wo sie auftreten, folgen ihnen Armut und Herzeleid, Chaos, Verwüstung und Vernichtung, Arbeitslosigkeit, Hunger und Massensterben und was übrigbleibt von der sogenannten Freiheit, das ist ein Vegetieren, das man selbst in den dunkelsten Teilen Afrikas nicht mehr als menschenwürdig zu bezeichnen wagen würde.

<...>

7. Die Greuelpropaganda ist eine Lügenpropaganda sagen die deutschen Juden selbst (1933)

<...>

Dr. Max Naumann, Ehrenvorsitzender des Verbandes national-deutscher Juden:

Ich brauche Ihnen nicht erst zu sagen, daß ich ein absoluter Gegner dieser Greuelhetze gegen Deutschland bin. Ich sehe in dieser Kampagne nichts anderes, als eine Neuauflage der Kriegshetze gegen Deutschland und seine Verbündeten von einst. Sogar die Methoden und Einzelheiten sind genau die gleichen wie damals, wo man von abgehackten Kinderhänden und ausgestochenen Augen, ja sogar von einer Kadaververwertung sprach, daß man menschliche Kadaver zur Gewinnung von Fettersatzstoffen verwertet habe. Dazu passen genau die Behauptungen von heute, die besagen, daß verstümmelte Judenleichen scharenweise vor den Friedhöfen liegen, daß sich sozusagen kein Jude auf der Straße sehen lassen dürfe, ohne attackiert zu werden.

Wohl haben Ausschreitungen stattgefunden, aber ganz vereinzelt. Sie sind unzweifelhaft als Sonderaktion irgendwelcher einzelner Leute anzusprechen, wie sie sich in jedem Volke und in jeder Organisation finden, die die Gelegenheit benutzt haben, persönliche Rachegefühle gegen einzelne jüdische Personen, mit denen sie aus irgendeinem Grunde Differenzen hatten, in ihrer Weise zu erledigen.

Die leitende Stelle der NSDAP. und die ganze Reichsregierung haben stets mit größter Energie erklärt, daß sie in jedem derartigen Falle, der ihnen zur Kenntnis kommt, schonungslos eingreifen werden. Es ist auch mir bekannt, daß in solchen Fällen wirklich schonungslos eingegriffen worden ist. Jedenfalls haben wir deutschen Juden, und zwar ohne jeden Unterschied der besonderen Gefühlsrichtung, durchweg die Überzeugung, daß auf Seite der Regierung und der Leitung der NSDAP. der ernste Wille besteht, Ruhe und Ordnung aufrechtzuerhalten.

Wir haben uns deshalb schon vor geraumer Zeit mit sehr energischen Protesten gegen die ausländische Greuelpropaganda gewendet und zwar, wie ich ausdrücklich hervorheben möchte, nicht etwa unter irgendeinem Zwang, sondern aus eigenem Antrieb, weil wir überzeugt waren, daß durch diese Hetze unserem Deutschland schwer geschadet wird und geschadet werden soll. Ferner, weil nebenher – ich hebe ausdrücklich hervor, daß dieser Gesichtspunkt für uns nur sekundärer Natur ist – auch uns in Deutschland lebenden Juden durch diese angeblich in unserem Interesse verübte Hetze ein ganz außerordentlich schlechter Dienst erwiesen wird. Wir wandten uns auch dagegen, daß man diese Auslandhetze als eine »jüdische Mache« darzustellen versucht. Es ist nicht eine jüdische, sondern eine typische antideutsche Mache, bei der leider auch einzelne Juden beteiligt sind.

Diese Juden, insbesondere diejenigen, die früher in Deutschland gelebt haben, gehören zu denjenigen Elementen, gegen die wir nationaldeutsche Juden uns schon vor vielen Jahren mit größter Schärfe gewandt haben.

(»Neues Wiener Journal« Nr. 14. 138 vom 31. März 1933.)

<...>

8. Karl Kraus (1874–1936): Aus der ›Dritten Walpurgisnacht‹ (1933)

<...>

Unsagbarer Jammer! Kann »Übertreibung« einer Sphäre nahetreten, wo Aussage, Teilnahme und Nachforschung verwehrt ist und dem Terror nur die Furcht begegnet, Leiden zu vermehren und die Ansteckung dieser absurden Gefahr zu verbreiten? Könnte es denn, wo nur der leiseste Verdacht auf »Greuel« besteht, ein sittlicheres Tun geben als »Propaganda«, eine lügenhaftere, nichtswürdigere Fiktion als deren Vorwurf? Natürlich ist es »nicht zu glauben« und alles klingt erfunden; sei der greuliche Inhalt nun simpel oder raffiniert. Doch mit Namen, Ort, Zeit und jeglichem Umstand wird beglaubigt, was zu einfach für die Erfindung wäre:

> Ein Hochofenarbeiter sollte aus der Wohnung geholt werden. Die Frau bittet, ihn daheim zu lassen und hier auszufragen. Zwei Ohrfeigen strecken sie auf die Diele. Die Kinder, ein elfjähriger Knabe und ein neunjähriges Mädchen, kommen herzu, knien nieder und heben die Hände bittend für Vater und Mutter. Ein SA-Mann nimmt den Gummiknüppel und schlägt auf die Kinder ein.

Wie unglaubwürdig erst der Bericht, wenn der Vorgang der erfinderischen Phantasie von Menschenquälern entstammte:

> Ein unscheinbarer Jude ernährt durch Lumpenhandel seine fünf Kinder. Zu ihm kommen SA-Leute und verlangen fünfhundert Mark. Er kann sie nicht geben, weil er sie nicht hat; er hat wohl niemals soviel Geld auf einmal gesehen. Sie schlagen ihn, daß er wimmernd auf dem Fußboden liegt. Endlich stöhnt er: »In der Kommode sind 30 Mark für die Mietrate.« Sie nehmen das Geld. Dann gießen sie ihm einen vollen Liter Rizinusöl ein, stecken ihn in einen Leinensack, binden beim Hals zu und schleifen ihn in den Keller.

Das Öl wirkt, der Mann kauert buchstäblich in Kot und Urin vier Tage. Sein Schreien hört man in der Straße. Ein Metzger befreit ihn. Als das Opfer aus der Badewanne steigt, ist sein Leib vom Schmutz angefressen, als wäre er stundenlang gefesselt in einem Ameisenhaufen gelegen.

Nur einer der Fälle, wo es noch gestattet ist, einen Wirtschaftsfaktor »in der Freiheit der Entschließungen zu behindern«. Einer der tausend Fälle, wo kein Metzger, sondern die europäische Polizei einzuschreiten hätte. Einer der tausend Fälle, über die nicht nur der Saal, der es hörte, sondern die Menschheit aller Rassen und Religionen in gellende Pfuirufe ausbräche, und erst dann hätte der Vermerk Gewicht:

Viele Frauen weinen.

Aber die andern glauben es nicht, und die es für möglich halten, beruhigen sich bei der Aufklärung des Ehrenvorsitzenden, es handle sich um die Differenz einzelner mit dem einzelnen Lumpenhändler, die sie eben in ihrer Weise erledigt haben. Und es wäre auch ihm erspart geblieben, wenn er mit solchen Lumpen Handel getrieben hätte, denn dann hätte er mehr als dreißig Mark in der Kommode. »Ohne jeden Unterschied der besonderen Gefühlsrichtung« – als hätten sie Gefühl und Richtung – bekennen sie, daß die Greuelpropaganda eine Lügenpropaganda ist, und vertrauen auf eine Ruhe und Ordnung, nachdem deren höchster preußischer Garant die Erklärung abgegeben hat:

Jeder Schuß eines SA- oder SS-Mannes *ist ein Schuß von mir!*

<. . .>

9. Stefan Zweig (1881–1942): Aus: ›Die Welt von gestern‹ (1944). Kapitel: »Incipit Hitler«

<. . .> Eines Morgens wachten die Behörden auf und München war in Hitlers Hand, alle Amtsstellen besetzt, die Zeitungen mit dem Revolver gezwungen, die vollzogene Revolution triumphierend anzukündigen. Wie aus den Wolken, zu denen

die ahnungslose Republik bloß träumerisch emporgeblickt, erschien der deus ex machina, General Ludendorff, dieser erste von den vielen, die glaubten, Hitler überspielen zu können, und die statt dessen von ihm genarrt wurden. Vormittags begann der berühmte Putsch, der Deutschland erobern sollte, mittags (ich habe hier nicht Weltgeschichte zu erzählen) war er bekanntlich bereits zu Ende. Hitler flüchtete und wurde bald verhaftet; damit schien die Bewegung erloschen. In diesem Jahr 1923 verschwanden die Hakenkreuze, die Sturmtrupps, und der Name Adolf Hitler fiel beinahe in Vergessenheit zurück. Niemand dachte mehr an ihn als einen möglichen Machtfaktor.

Erst nach ein paar Jahren tauchte er wieder auf, und nun trug ihn die aufbrausende Welle der Unzufriedenheit rasch hoch. Die Inflation, die Arbeitslosigkeit, die politischen Krisen und nicht zum mindesten die Torheit des Auslands hatten das deutsche Volk aufgewühlt; ein ungeheures Verlangen nach Ordnung war in allen Kreisen des deutschen Volkes, dem Ordnung von je mehr galt als Freiheit und Recht. Und wer Ordnung versprach – selbst Goethe hat gesagt, daß Unordnung ihm unlieber wäre als selbst eine Ungerechtigkeit – der hatte von Anbeginn Hunderttausende hinter sich. <...>

KOMMENTAR

Einzelhinweise

I. Die Zeit zwischen den Revolutionen 1789–1848

1. Das ›Allgemeine Landrecht für die Preußischen Staaten‹ (1794)

Satzvorlage: Allgemeines Landrecht für die Preussischen Staaten. Vierter Band. Dritte Auflage. Berlin, 1796. in der Buchhandl: des kön: preuß: geh: Comercien-Rathes Pauli.

S. 16 Das ›Allgemeine Landrecht für die Preußischen Staaten‹ (ALR) ist ein Werk der preußischen Justizreform zur Zeit der Aufklärung, das Werk einer Reform, die lange vor der Französischen Revolution (1789) begonnen, durch deren blutigen Verlauf doch wesentliche Impulse empfangen hat. Friedrich der Große hatte mit der Kabinettsorder vom 14. April 1780 »die Ausarbeitung eines umfassenden Gesetzeswerkes für die preußischen Staaten« angeordnet. »Das Anliegen des Königs war die Vereinfachung der Gesetze (Simplifizierung), so daß das Gesetz dem gemeinen Manne verständlich war und juristische Streitigkeiten und Spitzfindigkeiten ausgeschlossen wurden. Darüber hinaus sollte aber auch das Recht in den preußischen Staaten vereinheitlicht werden (Unifizierung), ohne daß dabei die Landes- und Provinzialgesetze ausgeschaltet werden sollten. Der König ordnete vielmehr an, Provinzialgesetzbücher herzustellen, über denen sich das Landrecht als umfassendes Gesetzeswerk mit subsidiärer Geltungskraft erheben sollte. Dieses Gesetzeswerk aber sollte römisches Recht, Naturrecht und einheimisches deutsches Recht in gleicher Weise berücksichtigen und zu einer Einheit verbinden.« (Conrad/Kleinheyer, S. XIIf.) Die Ausarbeitung des Gesetzbuches wurde dem preußischen Großkanzler und Chef de justice Johann Heinrich Casimir von Carmer und seinem engsten Mitarbeiter, dem Geheimen Ober-Justiz- und Tribunalsrat Carl Gottlieb

Svarez, übertragen, die ihr Werk auch nach dem Tode Friedrichs des Großen (1786) und obwohl eine erste Fassung, das ›Allgemeine Gesetzbuch für die Preußischen Staaten‹ (1791) verworfen wurde, fortgesetzt haben. Am 5. Februar 1794 wurde die überarbeitete Fassung des Gesetzeswerkes – mit verändertem Titel – neu verkündet, am 1. Juni 1794 trat das ALR in Kraft.

Das ALR hat den Ruf von Carl Gottlieb Svarez als des »größten preußischen Gesetzgebers« (Erik Wolf), als eines Juristen, dessen »gesetzesschöpferische Kraft <. . .> kaum jemals erreicht worden« sei (Drews/Wacke, S. 4f.), gefestigt; im ›Allgemeinen Polizeirecht‹ von Drews/Wacke (1961) wird das Buch als »das größte und sprachlich schönste, zugleich juristisch besonders saubere Gesetzbuch deutscher Sprache« (S. 4) gerühmt.

Die Bedeutung des ALR, nicht nur für die Ideen-, die Sprach- und Begriffsgeschichte, sondern auch für die politische und soziale Geschichte Deutschlands ist kaum zu überschätzen. Reinhart Koselleck hat die »innere Geschichte Preußens im neunzehnten Jahrhundert« als »eine Geschichte der Durchsetzung dieses Landrechts gegen die altständischen, regionalen und lokalen Gesetze und Rechtsgepflogenheiten und zugleich <als> eine Geschichte der sukzessiven Verwandlung des Landrechts durch neue generelle Gesetzesbestimmungen, die zunehmend den ganzen Staat erfaßten«, definiert (S. 24). Er hat verdeutlicht, daß die Einheit des preußischen Staates »erstmals durch das Landrecht gesetzlich umrissen« wurde, zugleich aber auf das »Janusgesicht« des ALR hingewiesen und die »Kontraste« zwischen der Intention der Gesetzgeber und der Realität gekennzeichnet. Nach Koselleck zielt das ALR im theoretischen Entwurf »auf einen Rechtszustand, der der bestehenden Wirklichkeit weit vorauseilte, während in der Durchführung diese Wirklichkeit durch eine Fülle von Bestimmungen kodifiziert wurde, die dem geplanten Rechtszustand hinderlich waren, ja ihm widersprachen. Die soziale Rechtsverfassung, die 1791/94 die aufgeklärte Staatsleitung den preußischen Staaten gegeben hatte, unterstellte theoretisch den Gesellschaftsvertrag aller mit allen. Diese hypothetische Voraussetzung – eine Staatsbürgergesellschaft – war in Wirklichkeit das Fernziel der Gesetzgeber. Der Staatsbürger war im Landrecht eher ein antiständisches Ferment zwischen den Paragraphen als deren gesetzlicher Bezugspunkt.« (S. 24)

Wenn in neueren Nachschlagewerken zu lesen ist, daß das »Ansehen« des ALR in dem Maße gewachsen ist – und bis zum heutigen Tage wächst –, in dem seine Geltung erlosch, sein Rechtseinfluß abnahm, so ist damit ein historisch-literarischer Vorgang erfaßt, der die Geschichte der Utopie charakterisiert.

Polizeygerichtsbarkeit: Nachdem »Polizei« im 17. Jahrhundert die gesamte Staatsverwaltung, die Administration in einem umfassenden Sinne meint, und nur eine geringfügige Bedeutungsverengung im 18. Jahrhundert festzustellen ist (Sorge für die Ordnung), kann und muß »Polizei« im ALR noch in einem abstrakten Sinne verstanden werden, wie er z. B. in Joachim Heinrich Campes ›Wörterbuch zur Erklärung und Verdeutschung der unserer Sprache aufgedrungenen fremden Ausdrücke‹ belegt ist: »*Polizei.* Da der wesentliche Zweck derselben die Erhaltung der öffentlichen Ordnung ist (denn daß die Policei auch für die Sicherheit der Personen und des Eigenthums wachen muß, wird darin mit begriffen): so würden Ordnungsanstalt und Ordnungsaufsicht den Begriff hinlänglich bezeichnen. In Liefland sind Ordnungsgericht und Ordnungsrichter schon eingeführte und gangbare Ausdrücke. <. . .> Ein Polizeidiener, ein Polizeibefehl, und die Polizeiwissenschaft, würden also ein Diener, ein Befehl, und die Wissenschaft der Ordnungsaufsicht sein. Man hat auch Stadtordnung dafür gebraucht.« – *und zur Abwendung der <. . .> bevorstehenden Gefahr:* Nur, wenn das »und« zwischen Erhaltung von Ruhe – Sicherheit – Ordnung *und* der Gefahrenabwehr überlesen wird, kann guten Gewissens behauptet werden, das ALR beschränke das Polizeirecht auf die Gefahrenabwehr und bestimme die Polizei »zum Organ der Gefahrabwehr« (Drews/Wacke, S. 4). Für Svarez gehörte die Wohlfahrtspflege zu den Aufgaben der Polizei, das heißt zu ihrer Aufgabe der »Erhaltung der öffentlichen Ruhe, Sicherheit, und Ordnung« und in diesem Sinne sind für ihn »Anstalten zur Beförderung der Privatglückseligkeit und Schulen« Polizeianstalten. Svarez ging es nicht nur um die äußere, sondern mehr noch um die innere Ruhe und Sicherheit des Staates und seiner Bürger. Die Wohlfahrtspflege ist für ihn die primäre, revolutions-verhindernde

Aufgabe der Gesetzgebung. Schon vor dem Königsmord – Ludwig XVI., König von Frankreich, wurde am 21. Januar 1793 in Paris durch die Guillotine hingerichtet –, der in ganz Deutschland die Wende in der Einschätzung der Revolution bezeichnet, ist Svarez ein Gegner der Revolution, in der er das »Gefühl des Uebergewichts der physischen Kraft«, die Gefahr der Anarchie sah und zugleich das »Gefühl von der Würde des Menschen« vermißte (vgl. Hinske, S. XXVIII).

2. Carl Gottlieb Svarez (1746–1798): Über das Recht der Oberaufsicht. Rechte des Staats über die Religionsgesellschaften (1791/92)

Satzvorlage: Vorträge über Recht und Staat von Carl Gottlieb Svarez (1746–1798), hrsg. von Hermann Conrad und Gerd Kleinheyer, Köln und Opladen 1960, S. 506–512. (Wissenschaftliche Abhandlungen der Arbeitsgemeinschaft für Forschung des Landes Nordrhein-Westfalen, Bd. 10).

S. 16 Carl Gottlieb Svarez, geboren 1746 in Schweidnitz, gestorben 1798 in Berlin, studierte Jurisprudenz in Frankfurt an der Oder. Als Mitarbeiter des schlesischen Justizministers Johann Heinrich Casimir von Carmer war er beteiligt an der Gründung eines landwirtschaftlichen Kreditsystems »für den Grundbesitzadel Schlesiens« (Conrad/Kleinheyer, S. XIX), er reformierte den schlesischen Schulunterricht und begann mit einer Reform des Prozeßrechtes. Als Carmer 1780 zum Großkanzler Preußens berufen wurde, folgte ihm Svarez nach Berlin und übernahm mit ihm zusammen die von Friedrich dem Großen angeordnete Rechtskodifikation.

In Berlin wurde Svarez Mitglied der bekannten »Mittwochsgesellschaft«, das heißt der »Gesellschaft von Freunden der Aufklärung«, deren »Mitglieder <. . .> bloß eine vernünftige Unterhaltung über interessante und besonders wissenschaftliche Gegenstände zum Zwecke <hatten>, um durch freundschaftlichen Gedankenwechsel sich wechselseitig den Geist aufzuklären und dadurch Begriffe mancher Art sich selbst deutlicher zu machen und einer unparteyischen Prüfung zu unterwerfen«. (Friedrich Nicolai, Ueber meine gelehrte Bildung, über meine Kenntniß der kritischen Philosophie und meine Schriften dieselbe betreffend, und über die Herren Kant, J. B. Erhard, und Fichte, Berlin und Stettin 1799, S. 65; zitiert bei Hinske, S. XXV). In diesem Kreis, dem Mittelpunkt der Berliner Aufklärung, stellte Svarez seine Gedanken zur Diskussion und empfing Anregungen, die über seine Gesetzgebungsarbeit Eingang in die Ideengeschichte des 19. Jahrhunderts gefunden haben.

1791 erhielt Svarez, der das ALR zu einer Art »Grundgesetz« zu machen suchte und vor der Mittwochsgesellschaft programmatisch verkündete, daß sein Gesetzbuch »in einem Staat«, welcher keine eigentliche Grundverfassung hat, die Stelle derselben gewissermaßen ersetzen soll, die also für den Gesetzgeber selbst Regeln enthalten muß, denen er auch in bloßen Zeitgesetzen nicht zuwiderhandeln darf« (Conrad/Kleinheyer, S. 635; Vortrag vor der Mittwochsgesellschaft ›Über den Einfluß der Gesetzgebung in die Aufklärung‹, 1. April 1789), den Auftrag, in einer Reihe von Vorträgen den preußischen Kronprinzen in die Grundzüge des Staatsrechts und der Jurisprudenz einzuführen. Die Vorträge, von denen die stichwortartige Gliederung, das eigentliche Vortragsmanuskript und nachträgliche schriftliche Ausarbeitungen erhalten sind, wurden vor allem 1791/92 gehalten, das heißt ehe das ›Allgemeine Gesetzbuch für die Preußischen Staaten‹ am 18. April 1792 suspendiert wurde. Sie zeigen noch »die geschlossene Gedankenwelt des Allgemeinen Gesetzbuches, nicht aber das durch die Beseitigung der anstößigen Stellen bereits stark beeinträchtigte System des Allgemeinen Landrechtes von 1794« (Conrad/Kleinheyer, S. XVI). Insofern sind diese Vorträge ein Kommentar zur aufklärerischen Intention des Schöpfers des ALR, nicht so sehr zu dem Gesetzbuch selbst, sie gehören zu der geheim und öffentlich geführten Diskussion um Aufklärung und um die Verbreitung ihres Gedankengutes, das – nach dem Willen von Svarez – nicht auf den kleinen Kreis der Gebildeten beschränkt bleiben, sondern auch ins Volk dringen sollte. So schuf er einen »Volkskodex«, den ›Unterricht über die Gesetze für die Einwohner der preußischen Staaten, von zwei preußischen Rechtsgelehrten‹ (Berlin und Stettin 1793), dessen Plan er in einem Beitrag zur ›Berlinischen Monatsschrift‹ entwickelte, die nicht nur als Organ der ›Mittwochsgesellschaft‹ anzusprechen ist, sondern – nach Werner Krauß – als das »bedeutsamste Forum, das die deutsche Aufklärung in ihrer letzten und höchsten Phase besaß« (vgl. Hinske, S. XX).

Der abgedruckte Text ist ein Auszug aus einem schriftlich ausgearbeiteten Vortrag für den preußischen Kronprinzen ›Über das Recht der Oberaufsicht. Rechte des Staats über die Religionsgesellschaften‹. Ausarbeitungen, wie die hier gedruckte, hat Svarez »dem Kronprinzen jeweils am Schlusse der einzelnen Materien« überreicht (Conrad/Kleinheyer, S. XXIII). Der Text wurde nicht allein wegen der Apostrophierung »bürgerlicher Ruhe und Ordnung« ausgewählt, sondern auch der theologisch-politischen Thematik wegen, die in das Zentrum aufklärerischen Denkens und speziell der Toleranzidee führt. Immanuel Kant, dessen berühmte ›Beantwortung der Frage: *Was ist Aufklärung?*‹ aus einer Diskussion in der ›Berlinischen Monatsschrift‹ erwachsen und demnach auch dort gedruckt ist, hat »den Hauptpunkt der Aufklärung, die des Ausganges der Menschen aus ihrer selbst verschuldeten Unmündigkeit, vorzüglich in *Religionssachen* gesetzt: weil in Ansehung der Künste und Wissenschaften unsere Beherrscher kein Interesse haben, den Vormund über ihre Unterthanen zu spielen; überdem auch jene Unmündigkeit, so wie die schädlichste, also auch die entehrendste unter allen ist«. (Text bei Hinske, S. 463) Kant »zitiert« offenkundig Friedrich den Großen, wenn er in der 1784 verfaßten Schrift die öffentliche Ruhe durch die Armee gewährleistet sieht: »Aber auch nur derjenige, der, selbst aufgeklärt, sich nicht vor Schatten fürchtet, zugleich aber ein wohldisciplinirtes zahlreiches Heer zum Bürgen der öffentlichen Ruhe zur Hand hat, – kann das sagen, was ein Freistaat nicht wagen darf: *räsonirt so viel ihr wollt, und worüber ihr wollt; nur gehorcht!*« (Hinske, S. 464) Wenn Svarez in den Kronprinzenvorträgen, Kant und Friedrich den Großen zugleich zitierend – »Der Despot sagt: räsoniere nicht. Der Souverän sagt: räsonieren magst du, aber gehorche.« (Conrad/Kleinheyer, S. 587; Koselleck, S. 27) –, die friderizianische Toleranzidee verkündet, so haben sich die Voraussetzungen dafür insofern geändert, als 1788 das berüchtigte Religionsedikt des preußischen Justizministers Johann Christoph von Wöllner – dem das Zensuredikt auf dem Fuße folgte – den Geistlichen bei Strafe der Amtsenthebung verbot, von ihren Bekenntnisschriften in Lehre und Predigt abzuweichen. Wenn Svarez in dem Vortrag ›Über das Recht der Oberaufsicht‹ erklärt, daß »alle Religionsparteien, sie mögen nun in ihren spekulativen Systemen noch so weit voneinander verschieden sein, dennoch in ihren Lehren über die moralischen Pflichten gegen andre und gegen den Staat im wesentlichen völlig« übereinstimmten, wenn er gleich anschließend die Heiden, die Mohammedaner, die Juden, Katholiken, Protestanten, Sozinianer und Deisten als Beispiele nennt, so nimmt er deutlich eine Position gegen das Wöllnersche Religionsedikt ein, in dem behauptet wird, man entblöde sich nicht »die elenden, längst widerlegten Irrthümer der Socinianer, Deisten, Naturalisten und anderer Secten mehr wiederum aufzuwärmen und solche mit vieler Dreistigkeit und Unverschämtheit durch den äußerst gemißbrauchten Namen *Aufklärung* unter das Volk auszubreiten« (Text bei Hinske, S. XXXIII). Das baldige Ende der Kronprinzenvorträge kann also auch dadurch bedingt sein, daß der Aufklärer Svarez dem Kronprinzen Rechtsgrundsätze vortrug, die zur Politik seines Vaters in offenem Widerspruch standen.

aus dem in dieser Natur liegenden Triebe nach Glückseligkeit: »Glückseligkeit« oder auch »Privatglückseligkeit« sind die ständig wiederholten Grund- und Leitworte von Svarez' Menschenbild. Die »physische und moralische Glückseligkeit« ist der Zweck des menschlichen Daseins, die der Mensch »im Stande der Natur« nicht verwirklichen kann, da »in einem solchen Zustande keine Sicherheit bei dem Besitz und Genuß natürlicher und erworbener Güter, keine wahre Freiheit in dem Gebrauch seiner Kräfte und Fähigkeiten, folglich auch keine wahre Glückseligkeit für das Menschengeschlecht stattfinden könne« (Conrad/Kleinheyer, S. 460). Damit ist der Zweck des Staates, »jeden einzelnen in seiner natürlichen Freiheit zu schützen, soweit damit die Freiheit aller bestehen kann« (Conrad/Kleinheyer, S. 7), oder anders ausgedrückt: der Zweck des Staates besteht darin, »die Summe der individuellen Glückseligkeiten so aufeinander abzustimmen, daß sie sich gegenseitig nicht im Wege sind« (Koselleck, S. 25). – *Friedrich der Große sagt <...>:* Dissertations sur l'innocence des erreurs de l'ésprit; Oeuvres de Frédéric le Grand, tom. VIII, p. 48 (Conrad/Kleinheyer, S. 506f.). Conrad und Kleinheyer zitieren nach der Ausgabe der Oeuvres de Frédéric le Grand von J. E. Preuss, Berlin 1846–1852. – *Der Heide, der Mohametaner <. . .>:* Mit dem Wöllnerschen Religionsedikt schien die Partei der Aufklärer ihren Kampf um die religiöse Toleranz verloren zu haben, nachdem Lessings Drama ›Nathan der Weise‹ (1779), das erst 1783 in Berlin erstmals aufgeführt worden war, nicht den realen Zustand der Zeit, sondern ein Sehnsuchtsbild des Autors darstellt. Goethe hat 1815 über Schillers Weimarer Inszenierung des ›Nathan‹ gesagt: »Möge zugleich das darin ausgesprochene göttliche Duldungs- und Schonungsgefühl der Nation heilig und wert bleiben.« (vgl. G. E. Lessing, Werke, hrsg. von Herbert G. Göpfert, Bd. 2, München 1971, S. 754). Svarez führt die drei großen Weltreligionen aus Lessings »Ringparabel« – Juden, Mohammedaner und Christen – an, wendet sich im mündlich gehaltenen Vortrag mit der Nennung der »Socinianer«, einer kleinen reformatorischen Religionsgemeinschaft des 16. Jahrhunderts, deren Rückzugsgebiete, nach der Gegenreformation, Preußen und die Niederlande waren, noch deutlicher als in der schriftlichen Ausfertigung, gegen die Unduldsamkeit Wöllners und seiner mächtigen Anhänger im preußischen Staat. Durch Friedrich Wilhelm III., den Svarez als Kronprinzen unterrichtet hat, wurde das Wöllnersche Edikt 1797 wieder aufgehoben. – *Friedrich der Große in der Abhandlung über die Religion:* De la superstition et de la religion; Oeuvres de Frédéric le Grand, tom. I, p. 241 f. (Conrad/Kleinheyer, S. 508) – *Jesuiten:* Die Toleranzidee der Aufklärung schloß auch die Jesuiten mit ein, die gemeinhin als Feinde dieser Idee, als die Inkarnation von Unduldsamkeit und religiösem Fanatismus galten. Papst Clemens XIV. huldigte dem Zeitgeist, als er 1773 den Orden aufhob, wobei im Staat Friedrich des Großen diese Entscheidung nicht akzeptiert und die Bestimmungen des päpstlichen Breve umgangen wurden. Erst 1814 stellte Pius VII. den Orden wieder her. – *Proselytenmacher:* Der »Proselytenmacher«, von Campe mit »Glaubenswerber« übersetzt (S. 504), und die »Proselytenmacherei«, von Campe scherzhaft mit »geistliche Seelenkaperei« wiedergegeben, gehören zu den Antibegriffen der Toleranz und – im 19. Jahrhundert – zu den beliebtesten Schimpfworten innerhalb der polemischen Literatur. – *Exercitium religionis* <. . .> ist die öffentliche und private Ausübung der Religion. – *maintenieren:* behaupten, erhalten, schützen. – *z. E. Juden und Memnonisten:* Für die Emanzipation der Juden haben sich seit 1778 vor allem Lessing, Dohm und Mendelssohn eingesetzt; 1787 wurde in Preußen der Leibzoll für Juden aufgehoben, das österreichische Toleranzedikt des Jahres 1782 wirkte auch auf das Preußen Friedrichs des Großen. Moses Mendelssohn (1729–1786), der Freund Lessings, Schüler Christian Wolffs und Vorkämpfer der jüdischen Emanzipation, war Mitglied der Berliner Mittwochsgesellschaft, der auch Svarez angehörte. – Mit »Memnonisten« sind wohl die Mennoniten gemeint, die im 18. Jahrhundert vor allem in den Niederlanden, Preußen und Nordamerika ansässig sind. Wie die Juden ganz allgemein von Staatsstellungen ausgeschlossen waren, und noch Heinrich Heine die Taufe als das »entrée billet« zur europäischen Kultur bezeichnete, so gestattete man in Preußen den Memnonisten nicht, »bäuerliche Grundstücke zu akquirieren, weil sie nicht Kriegsdienste tun« (Conrad/Kleinheyer, S. 56).

3. Johann Wolfgang Goethe (1749–1832)

Satzvorlage: a) Wilhelm Meisters Lehrjahre. Ein Roman, in: Goethes Werke. Hrsg. im Auftrage der Großherzogin Sophie von Sachsen. Bd. 22, Weimar 1899, S. 193.
b) Campagne in Frankreich 1792. Belagerung von Mainz, ebd. Bd. 33, Weimar 1898, S. 311–315.

Die Zentralformel bürgerlichen Rechtsdenkens im 18. und 19. Jahrhundert »Ruhe und Sicherheit« findet sich im Werke Goethes, eines Zeitgenossen des Carl Gottlieb Svarez, erstaunlich häufig, u. a. auch in ›Egmont‹ und ›Dichtung und Wahrheit‹. Durch die Akzentuierung dieser Formel kann der historische und der begriffsgeschichtliche Hintergrund einiger Termini Goethes verdeutlicht werden, das Denken der deutschen Justizaufklärung, deren Einfluß auf den Dichter bislang kaum beachtet worden ist.

S. 21 a) Wilhelm Meisters Lehrjahre: In der Mitte der hier ausgewählten Szene des Romans steht Philine in ihrer Wirkung auf Wilhelm. Man diskutiert über die Aufführung von Shakespeares ›Hamlet, Prinz von Dänemark‹, die Wilhelm mit den

Schauspielern vorbereitet, und Philine rügt, daß Wilhelms Inszenierung »den schönsten Gedanken aus dem Stücke« lasse. Dieser schönste Gedanke, »auf den sich Hamlet selbst was zu Gute thut«, wird, als Wilhelm und auch Serlo, der doch »auf dem Theater geboren und gesäugt« worden war (HA, Bd. 7, S. 268), ratlos staunen, von Philine in ihrem Liedchen umschrieben. Philine bezieht sich auf jene 2. Szene im 3. Akt des Hamlet, in dem es heißt: »Ein schöner Gedanke, zwischen den Beinen eines Mädchens zu liegen.« (William Shakespeare. Werke in zwei Bänden. Hrsg. von L. L. Schücking, Bd. 2, München o. J., S. 188)

Philine, in der Goethe, nach seinen Notizen aus dem Jahre 1793, »die reine Sinnlichkeit«, die »gegenwärtige Sinnlichkeit, Leichtsinn« darstellen wollte (HA, Bd. 8, S. 518), ist < . . . > »der Gegensatz zu Mignon: Lebensfreude, Spiel, Beherrschung der Mittel. Wilhelm lernt an ihr, daß bürgerlich-moralische Maßstäbe nicht für alles hinreichen, etwas, was er auch an Lothario lernen kann und – an Shakespeare.« (Erich Trunz, in: HA, Bd. 7, S. 620f.)

Und doch ist Philines »Leichtsinn«, wie das von ihr gesungene Lied belegt, eingebunden in ein bürgerliches Wertesystem, welches besagt, daß demjenigen, der die »Glückseligkeit« der Gemeinschaft durch sein Handeln und Arbeiten fördert (»Jeder Tag hat seine Plage«), diese Gemeinschaft »Ruh' und Sicherheit« und damit die »Privatglückseligkeit« verbürgt (»Und die Nacht hat ihre Lust«).

In dieser Einbindung repräsentiert Philine gleichzeitig eine historisch fixierbare Gesellschaftsform, die Lebenshaltung des Rokoko, die »Sinnlichkeit und Sittlichkeit« (Thomas Mann) zu vereinigen strebt; es ist dies eine Lebenshaltung, die Wilhelm Meister gegenüber der »selbstquälenden« Aurelie charakterisiert: »Wie sie ist«, sagt er über Philine, »bin ich ihr Dank schuldig, <. . .> ihre Aufführung ist zu tadeln, ihrem Charakter muß ich Gerechtigkeit widerfahren lassen.« (HA, Bd. 7, S. 318) Diese Lebenshaltung stellt Goethe sowohl dem rationalistischen Lebensstil, wie auch dem Lebensstil Friedrich Wilhelms II., mit der schroffen Gegensätzlichkeit von privater Ausschweifung und öffentlicher Religiosität, gegenüber. Philine ist für ihn – ganz konsequent – nach den Napoleonischen Kriegen Figuration der vorrevolutionären Epoche, des ancien régime. Als er sich 1820/22 bei der Beschreibung der ›Campagne in Frankreich 1792‹ einer Begegnung mit französischen Emigranten erinnert, schreibt er: »Eine Tochter, die Mutter jugendlich darstellend, sprach kein Wort. Desto munterer und reizender zeigte sich die Fürstin Monaco, entschiedene Freundin des Prinzen von Condé, die Zierde von Chantilly in guten Tagen. Anmutiger war nichts zu sehen als diese schlanke Blondine; jung, heiter, possenhaft; kein Mann, auf den sie's anlegte, hätte sich verwahren können. Ich beobachtete sie mit freiem Gemüt und wunderte mich, Philinen, die ich hier nicht zu finden glaubte, so frisch und munter ihr Wesen treibend mir abermals begegnen zu sehen.« (HA, Bd. 10, S. 188)

S. 22 b) Campagne in Frankreich 1792. Belagerung von Mainz: Als Teil seiner Autobiographie beschrieb Goethe in den Jahre 1820 bis 1822 die unrühmliche »Campagne« der gegen die Französische Revolution aufgebotenen Invasionsarmee, bei der sich außer österreichischen und preußischen Truppen auch ein Korps französischer Emigranten befand. Diesem Feldzug, der in der bekannten »Kanonade von Valmy« gipfelte (20. September 1792), mit einem »moralischen« Sieg (Braubach, S. 10) der verachteten Revolutionstruppen und dem demoralisierenden und verlustreichen Rückzug des Heeres Friedrich Wilhelms II. auf die deutschen Grenzen endete, folgte die Eroberung von Mainz durch den französischen General Custine (21. Oktober 1792), wo sich sogleich »ein Klub deutscher Freiheitsfreunde <. . .> in den Dienst der revolutionären Propaganda stellte« (Braubach, S. 10). Erst im Juli 1793 wurde Mainz von den preußischen Truppen wiedererobert, wurden die »Klubisten« aus Mainz vertrieben. An dieser Stelle der historischen Entwicklung ist der hier gedruckte Text Goethes aus der ›Belagerung von Mainz‹ anzusiedeln.

Goethe ging es nicht um die getreue Darstellung vergangener, wenn auch epochemachender, Ereignisse, ihm geht es in diesem Teil seiner Autobiographie um das zentrale Thema der Metternichschen Restauration, die bedrohliche Auflösung der bürgerlichen Ordnung durch revolutionäre Kräfte und die dagegen gerichtete, sich versteifende und erstarrende Ordnungspolitik des restaurativen Staatensystems. *»Ordnung* und *Unordnung«*, meint Waltraud Loos (HA, Bd. 10, S. 663), seien

»die immer wiederkehrenden Leitworte, aus denen man die politisch-belehrende Aussage der ›Campagne‹ – sofern man eine solche überhaupt annehmen will – erschließen kann«. Goethe erlebt in den Revolutionskriegen und den ihnen folgenden Napoleonischen Kriegen die Auflösung der durch »Ruhe und Sicherheit« gekennzeichneten bürgerlichen Lebensordnung, er erlebt, wie »Ruhe und Sicherheit« durch die antirevolutionär aufgeladene Formel »Ruhe und Ordnung« ersetzt wird, der Zustand bürgerlicher Ordnung durch die Bedrohung und Erstarrung dieser Ordnung. So sind die Folgen des Krieges, die er beschreibt, nicht nur für den einzelnen, sondern auch für die Gemeinschaft gefährlich genug: »So zwischen Ordnung und Unordnung, zwischen Erhalten und Verderben, zwischen Rauben und Bezahlen lebte man immer hin, und dies mag es wohl sein, was den Krieg für das Gemüt eigentlich verderblich macht. Man spielt den Kühnen, Zerstörenden, dann wieder den Sanften, Belebenden; man gewöhnt sich an Phrasen, mitten in dem verzweifeltsten Zustand Hoffnung zu erregen und zu beleben; hierdurch entsteht nun eine Art von Heuchelei, die einen besondern Charakter hat und sich von der pfäffischen, höfischen, oder wie sie sonst heißen mögen, ganz eigen unterscheidet.« (HA, Bd. 10, S. 213f.)

Wenn dies – in etwa – die Situation der Herrschenden bezeichnet, welche die fehlende Sicherheit durch Heuchelei und Phrasen zu ersetzen suchen, so sind auch die Gegenbewegungen, die sich mächtig regenden Kräfte der Revolution, der Kritik Goethes unterworfen: »<. . .> jeder Einwohner <von Mainz>, den man ansprach, <schien seinen> eigenen Jammer zu vergessen, um sich in weitläufigere Erzählungen des grenzenlosen Elends herauszulassen, in welchem die zur Auswanderung genötigten Mainzer Bürger zwischen zwei Feinde, den innern und äußern, sich geklemmt sahen. Denn nicht der Krieg allein, sondern der durch Unsinn aufgelöste bürgerliche Zustand hatte ein solches Unglück bereitet und herbeigeführt.« (HA, Bd. 10, S. 396)

Der letzte Teil der Autobiographie endet so »in einem Pessimismus <. . .>, der bei Goethe ungewohnt anmutet und sich von den großartig-feierlichen Ausklängen von ›Dichtung und Wahrheit‹ und der ›Italienischen Reise‹ seltsam-düster abhebt« (HA, Bd. 10, S. 670).

mit Herrn Gore: Charles Gore (1729–1807), ein mit Goethe befreundeter, in Weimar lebender, britischer Landschaftszeichner. – *Spitzbube von Architekten:* »<. . .> war es wirklich der Architekt der Dompropstei, so war es der Franzose Charles Mangin, der seit vierzehn Jahren in diesen Gegenden wirkte, aber französischer Staatsbürger geblieben war.« (Amann, S. 84) Amann vermutet auch, daß es sich um einen Sohn Mangins gehandelt haben könnte, »der vielleicht von seinem Vater das Festungs-Ingenieurwesen gelernt hatte. (Daher wieder die nicht eigentlich militärische Uniform.) Die schöne Reiterin könnte, trotz Dix-huitième, sehr bürgerlich, eine Schwiegertochter Mangins gewesen sein.« (Amann, S. 88 ff.) – *Herzogs von Weimar:* Karl August, Großherzog von Sachsen-Weimar-Eisenach (1758–1828), Freund und Mäzen Goethes; an seinem Hofe lebt Goethe seit 1775. Als preußischer Offizier nimmt Karl August – und Goethe in seinem Gefolge – an den Feldzügen von 1792 und 1793 teil. – *Der König:* Friedrich Wilhelm II., König von Preußen. – *Clubbisten und Comitisten:* Die Angehörigen des revolutionären Klubs in Mainz (bekanntestes Mitglied dieses Klubs war Georg Forster) und die des ›Comité de surveillance‹, die über die Durchführung der Ausweisungen Mainzer Bürger zu wachen hatten und dies rücksichtslos besorgten (vgl. HA, Bd. 10, S. 711). – *es liegt nun einmal in meiner Natur <. . .>:* Aus dem Kontext der Unmutsäußerung genommen, ins Französische übersetzt und wieder ins Deutsche zurückübersetzt, verkürzt und seiner charakteristischen Aktiv:Passiv-Spannung (Ungerechtigkeit begehen: Unordnung ertragen) entkleidet, spielt das Zitat als eine angebliche Maxime Goethes, die den deutschen Nationalcharakter bezeichne, der zur »Ermöglichung« Hitlers beigetragen habe, bis in unsere Tage eine recht zwielichtige Rolle. (s. *Darstellung*)

4. Urkunden der Metternichschen Anti-Revolutions-Politik

Satzvorlage: a) Die Karlsbader Beschlüsse, in: Quellen zum Staatsrecht der Neuzeit. Bd. 1: Deutsches Verfassungsrecht im Zeitalter des Konstitutionalismus (1806–1918), Tübingen 1949, S. 39f.

b) Die Wiener Schlußakte, ebd. S. 32f.

S. 25 a) Die Karlsbader Beschlüsse: Die Beschlüsse, die – unter Metternichs Einfluß – auf den Karlsbader Ministerkonferenzen vom 6.–31. August 1819 gefaßt und vom Deutschen Bundestag am 20. September 1819 einstimmig sanktioniert wurden, bezeichnen den Höhepunkt des Systems Metternich; mit ihnen wurde die sogenannte erste Demagogenverfolgung eingeleitet, der u. a. zum Opfer fielen: Ernst Moritz Arndt, 1820 von seinem Universitätsamt suspendiert und erst 1840 wieder in seine Professur eingesetzt; der »Turnvater« Friedrich Ludwig Jahn, dessen Turnplätze geschlossen wurden, der trotz einem Freispruch 1825 seinen Aufenthalt in keiner Universitäts- oder Gymnasialstadt nehmen und sich Berlin nur bis auf die Entfernung von 10 Meilen nähern durfte; und Karl Theodor Welcker, der eifrigste Verfechter der »Preßfreiheit«, der 1819 als Universitätslehrer in Bonn demagogischer Umtriebe verdächtigt, aber freigesprochen wurde.

Die Karlsbader Ministerkonferenzen faßten provisorische Beschlüsse »über die in Ansehung der Universitäten zu ergreifenden Maßregeln«, erließen provisorische »Bestimmungen hinsichtlich der Freiheit der Presse« und bestellten eine »Central-Behörde zur nähern Untersuchung der in mehreren Bundesstaaten entdeckten revolutionären Umtriebe«. Mit diesen Maßnahmen meinte Metternich, die Oppositionskräfte gegen das System der Restauration entscheidend treffen zu können: die in der deutschen Burschenschaft seit 1815 sich zusammenschließende akademische Jugend, die sich immer stärker ausbreitende liberale Journalliteratur – später auch die Belletristik – und schließlich die vom innenpolitischen Ergebnis der Freiheitskriege enttäuschten (politischen) Professoren.

S. 27 b) Die Wiener Schlußakte vom 15. Mai 1820; »Die souverainen Fürsten und freien Städte Deutschlands, eingedenk ihrer bey Stiftung des deutschen Bundes übernommenen Verpflichtung, den Bestimmungen der Bundes-Acte durch ergänzende und erläuternde Grundgesetze eine zweckmäßige Entwickelung und hiemit dem Bundes-Verein selbst die erforderliche Vollendung zu sichern, überzeugt, daß sie, um das Band, welches das gesammte Deutschland in Friede und Eintracht verbindet, unauflöslich zu befestigen, nicht länger anstehen durften, jener Verpflichtung und einem allgemein gefühlten Bedürfnisse durch gemeinschaftliche Berathungen Genüge zu leisten, haben zu diesem Ende Bevollmächtigte ernannt, <. . .> welche zu Wien <. . .> in Cabinets-Conferenzen zusammengetreten« (Quellen zum Staatsrecht, S. 29), um gleichsam den Schlußstrich unter die mit den Karlsbader Beschlüssen eingeleitete Entwicklung zu ziehen: Sie machten den Deutschen Bund »endgültig zum Instrument der Unterdrückung der liberalen und nationalen Bewegung« (Schieder, S. 103). So ist es nur folgerichtig, wenn in den Dokumenten die »innere Ruhe und Ordnung«, die »innere Sicherheit« der Staaten des Bundes beschworen und durch diese Abmachungen garantiert werden soll.

5. Clemens Brentano: Das bittere Leiden unsers Herrn Jesu Christi (1833)

Satzvorlage: Das bittere Leiden unsers Herrn Jesu Christi. Nach den Betrachtungen der gottseligen Anna Katharina Emmerich. Augustinerin des Klosters Agnetenberg zu Dülmen († 9. Febr. 1824) nebst dem Lebensumriß dieser Begnadigten, in: Clemens Brentano: Religiöse Schriften I, hrsg. von Wilhelm Oehl und Carl Schüddekopf, München und Leipzig 1912 (Clemens Brentano, Sämtliche Werke, Bd. XIV, 1), S. 381–383; 388f.

S. 28 Das Buch des romantischen Dichters Clemens Brentano über die Passion Jesu Christi erschien erstmals 1833, also in den Jahren nach der Julirevolution, als sich die Angst vor der »ewigen« Revolution auszubreiten begann und man nach Ursachen des Phänomens und nach Lösungen – auch außerhalb der Ordnungspolitik Metternichs – zu suchen begann. Als Erbauungsbuch mißverstanden, intentionell gegen die vergebliche rationalistische Suche nach dem historischen Jesus gerichtet, fand das Buch rasch Aufnahme in breiten Volksschichten, erlebte bis zum Tode Brentanos (1842) sechs Auflagen und ist noch heute in zahllosen gekürzten und ungekürzten Ausgaben in allen Weltsprachen verbreitet.

Getreu einem, später von Joseph Görres formulierten, Grundsatz der Katholischen Bewegung des 19. Jahrhunderts, werden in Brentanos Passionsbuch nicht nur die Ereignisse zur Zeit Jesu Christi dargestellt, es wird die Zeit von Jesu irdischem Leben ein Paradigma aller Zeiten der Welt. Was sich zur Zeit Christi in Personen darstellte, erscheint in der Zeit nach Christus in Strömungen und Tendenzen, so daß die geistige Polarisierung der Zeit, in der Brentanos Passionsbuch entstanden ist, deutlich am Text abgelesen werden kann. Die Zitierung der Ordnungsformel der Metternichzeit belegt die aktuelle Tendenz des Buches, die mit zu seiner Verbreitung beigetragen hat. Das immer erneute Aufflackern des Feuers der Revolution, das Ordnungsgebot durch die Armee, die Ratlosigkeit einer rationalistisch orientierten Bürokratie – »man steckte alle Lampen beim hellen Tage an« – , die unter der Asche des Aufruhrs weiter glimmende Angst – »die Flamme ward zu einer glimmenden Angst, welche das Volk, nach und nach zerstreut, mit nach Hause nahm« – weisen ebenso auf die Zeit Christi, wie auf die des zeitgenössischen Lesers. Der Riß, der beim Tode Jesu den Kalvarienberg spaltet, weist auf die Wurzeln der Revolution: den immer geschehenden Aufstand des Menschen gegen seinen Schöpfer, das nie endende Leiden des Herrn. Es ist ein Erdspalt, der nicht ergründet werden kann, da er nur Symbol für die Abwendung des Menschen von Gott ist, ein Riß, vor dem die Pharisäer ratlos stehen, weil sie nur versuchen ihn auszuloten und nicht erkennen, was er bedeutet: »Es war bald nach drei Uhr, da Jesus verschied. Als der erste Schrecken des Erdstoßes vorüber war, wurden mehrere der Pharisäer frecher, sie nahten dem Riße des Kalvaribergs, warfen Steine hinein, banden Stricke zusammen und ließen sie hinab, als sie aber den Grund nicht erreichen konnten, wurden sie etwas bedenklicher; auch ergriff sie das Weheklagen und das Brustschlagen des Volkes, und sie ritten von dannen.« (S. 398)

6. Heinrich Hoffmann (1809–1894): Der Heulerspiegel (1849)

Satzvorlage: Der Heulerspiegel. Mittheilungen aus dem Tagebuche des Herrn Heulalius von Heulenberg. Leipzig 1849. Verlag von Gustav Mayer, S. 9; 16–18.

S. 32 Verfasser der anonym erschienenen Schrift ist Heinrich Hoffmann (1809–1894). Hoffmann, der 1851–1889 als »dirigierender Arzt an der städtischen Irrenanstalt« in Frankfurt am Main tätig war, schrieb heitere Kinderbücher, die er selbst illustrierte. Am bekanntesten wurde der ›Struwelpeter‹ (1845).

Seine beiden Satiren auf die Revolution des Jahres 1848, nämlich das ›Handbüchlein für Wühler oder kurzgefaßte Anleitung in wenigen Tagen ein Volksmann zu werden. Von Peter Struwwel, Demagog‹ (Leipzig 1848) und der ›Heulerspiegel‹ (1849) übertragen das heiter-didaktische Prinzip der Kinderbücher in die Sphäre der Erwachsenen. So gibt sich der ›Heulerspiegel‹ nicht so sehr als eine politische Kampfschrift zu erkennen, er ist vielmehr ein später Nachkomme der seit Beginn des 19. Jahrhunderts beliebten Philistersatiren, bekannt geworden durch Clemens Brentanos ›Der Philister vor, in und nach der Geschichte‹ (1811) und Joseph von Eichendorffs »dramatisches Märchen in fünf Abenteuern«: ›Krieg den Philistern‹ (1824).

Während das ›Handbüchlein für Wühler‹ als »autorisierter Raubdruck« mit einem aktualisierenden, satirischen Kommentar, für »den Gebrauch aller kritischen Benutzer eingerichtet von Alice Wunderland, M. A. Diplom-Politologin Rotzphil Heidelberg«, 1972 neu erschienen ist, wurde der ›Heulerspiegel‹ seit dem Jahr des Erstdruckes nicht wieder veröffentlicht.

»Heuler« und »Wühler« sind 1848/49 die bekanntesten Gegensätze im Kampf der wuchernden Schlagworte. »Heuler« scheint allgemein als Synonym für »Philister« oder »Spießbürger« gebraucht zu sein, im politischen Parteienkampf wird es »im Contrast zu Wühler da angewendet, wo man: Reactionär, Conservativer, Royalist! sagen oder wohl auch nur einen Freund gerechter Ordnung verspotten will« (Trübner, Bd. 3, S. 428). In Hoffmanns ›Handbüchlein für Wühler‹ findet sich zum Stichwort »Heuler« die folgende Definition: »Gegensatz zum Wühler. Jeder, der nicht mit wühlt. Synonyme: *Bourgeois, Geldsack, Sauerteigpartei, Centralmichel.«* (S. 36) Beim Stichwort »Wühler« ist zu lesen: »*Definition:* Wer den Vorschriften dieses Werkes gemäß handelt, ist einer; daher eine weitere Erklärung eigentlich unnöthig. – Die Wühler sind die Erdengötter der Unterwelt im Gegensatz zu den hochgeborenen Obergöttern, das Unterhaus gegen das Oberhaus, die Volksmänner, die hinaufwollen, gegen die Volksherren, die herunter müssen. Das Ganze läuft also auf das bekannte Kinderspiel hinaus: Wo ist gut Bier feil? und: Verwechselt eure Plätze! Wühler ist ursprünglich ein Schimpfwort; es ist aber jetzt, wie seiner Zeit das Brabantische Geusen, ein Ehrentitel geworden. So gut, als man den Staat früher von oben her, von Gottes Gnaden, beglückt hat, kann dies auch einmal von unten her versucht werden. Das Wort ist also mit Stolz auszusprechen.« (S. 30)

Hoffmanns ›Handbüchlein für Wühler‹ hatte bei den Zeitgenossen großen Erfolg; der Verleger schrieb am 22. November 1848 an Jeremias Gotthelf, daß er schon die 4. Auflage drucke. Angeregt durch das ›Handbüchlein‹ schrieb Gotthelf eine Satire auf das Treiben der – aus Deutschland vertriebenen – »Freiheitsfreunde« in der Schweiz unter dem Titel: ›Doctor Dorbach, der Wühler und die Bürglenherren in der heiligen Weihnachtsnacht Anno 1847‹, die, 1849 erschienen, in 2000 Exemplaren gedruckt wurde und 1852 eine zweite Auflage erlebte.

Gustav Mayer in Leipzig, bei dem Hoffmanns und Gotthelfs Satiren erschienen, war ein Verleger der bürgerlichen Mitte, die Angriffe seiner Autoren richteten sich gegen »Anarchisten und Separatisten«, eine Sammelbezeichnung für die radikalen Demokraten der Jahre 1848/49.

Fanatiker der Ruhe und Ordnung: Der »Fanatismus der Ruhe« ist ein 1848 besonders beliebtes Schlagwort. Belege sammelt Ladendorf, S. 79f.: »*Fanatismus der Ruhe* scheint ein vom Landtagsabgeordneten v. *Thadden-Trieglaff* geprägtes Schlagwort zu sein, der in einer vom 13. April 1848 datierten öffentlichen Erklärung, die am 6. Mai d. J. im Volksbl. S. 537ff. abgedruckt wurde, versicherte: ›Ich bin nicht so von dem Fanatismus der Ruhe und Furcht besessen, daß ich um *jeden*

Preis nur die Ruhe und die Ordnung will.‹ Die Redaktion nimmt in den darauffolgenden Anmerkungen sofort den Ausdruck auf und bekennt: ›Wir würden es tief beklagen, wenn auch unsere jetzigen Minister von jenem ›Fanatismus der *Ruhe*‹ sich hätten anstecken lassen, der jetzt überall, auf Kosten aller moralischen und rechtlichen Grundsätze grassiert‹ <. . .> Für die Beliebtheit der oben genannten Schlagworte nur einige Zeugnisse. *Gutzkow,* Deutschland am Vorabend (1848) S. 172: ›Die ›Fanatiker der Ruhe‹ waren ärger als die, welche in der Unruhe die natürliche Folge, ja die notwendige Bedingung einer moralischen Revolution sahen.‹ Auch Br. *Bauer,* ›Die bürgerl. Rev. in Deutschl. (1849) S. 246 spricht von einem ›Fanatismus für Stillstand und Ruhe‹. Die Grenzboten bringen 1849, 2. Sem. 4, 174 einen eigenen Aufsatz unter der Devise: *Fanatiker der Ruhe,* worin sie erläutern: ›Ein fanatischer Phlegmatiker aber ist gar nicht denkbar. Denn was man in neuester Zeit mehr witzig als ernsthaft ›Fanatiker der Ruhe‹ gescholten hat, sind Leute, denen es an Energie nicht fehlt, deren Gemüthsstimmung aber von einem maßlosen Haß gegen die Unruhe beherrscht wird.‹« – *Da das Fallbeil nur die Großen treffen wird:* Die Guillotine ist seit den Jahren der Französischen Revolution sichtbarer Ausdruck der »égalité«, da sie das Vorrecht der dem Adel oder der Geistlichkeit angehörenden, zum Tode verurteilten Verbrecher auf die – humanste Art der – Hinrichtung mit dem Fallbeil auf die Gesamtheit der zum Tode Verurteilten übertrug. Der Blutrausch, der das Volk von Paris, angesichts der täglichen Hinrichtungen in der Zeit von Robespierres Schreckensherrschaft (1793/94), ergriffen hat, ist nicht zuletzt durch die Ideologisierung der Guillotine, als der großen »Gleichmacherin«, zu erklären. – *Professor der Anatomie:* Heinrich Hoffmann war vor 1851 »Lehrer der Anatomie am Senckenberg'schen Stift in Frankfurt am Main«.

7. Clemens Wenzel Fürst von Metternich (1773–1859)

Satzvorlage: a) Brief an Melchior Diepenbrock, in: Ungedruckte Briefe von und an Kardinal Melchior von Diepenbrock. <. . .> Hrsg. von Alfons Nowack. Nach den im Erzbischöflichen Diözesanarchiv zu Breslau vorhandenen

Material hrsg. von Alfons Nowack, Breslau 1931, S. 144–146.

b) Brief an Graf Buol-Schauenstein, in: Briefe des Staatskanzlers Fürsten Metternich-Winneburg an den österreichischen Minister des Allerhöchsten Hauses und des Äußern, Grafen Buol-Schauenstein aus den Jahren 1852–1859. Hrsg. v. Carl J. Burckhardt, München u. Berlin 1934, S. 43.

Metternich, seit 1809 Außenminister, seit 1821 Staatskanzler Österreichs, suchte durch das von ihm geschaffene System der Erhaltung bestehender Legitimitäten und des Mächte-Gleichgewichts den Frieden in Europa nach den Napoleonischen Kriegen zu sichern. »Fels der Ordnung« (»rocher de l'ordre«) haben ihn die Zeitgenossen genannt, »le repos du monde«, die »Ruhe der Welt« war – nach der »Declaration von Aachen« (15. November 1818, vgl. Schieder, S. 105) – eines der vornehmsten Ziele seiner Politik. Die Erstarrung seines durch das Schlagwort »Ruhe und Ordnung« gekennzeichneten Systems hat er nie zur Kenntnis genommen; für ihn behielten »Ruhe« und »Ordnung« einen die Formelhaftigkeit des Polizeistaates weit übersteigenden Sinn, als Einzeltermini, nicht in der Verbindung des Schlagwortes wollte er sie auch in den antirevolutionären Dokumenten seiner Politik verstanden wissen. Den Gegensatz von Freiheit und Ordnung, wie ihn das »Gutachten der siebzehn Männer des öffentlichen Vertrauens« vom 26. April 1848 als den Zustand der Revolutionszeit bezeichnet, hat er nicht anerkannt. In diesem Gutachten heißt es: »<. . .> es ist eine Fabel, die allein in der verzehrenden Unruhe der letzten Wochen vorübergehenden Glauben finden konnte, als sei aus den Herzen der Deutschen die Geltung ihrer Fürstenhäuser auf einmal verschwunden. Diese werden vielmehr in dem Volksbewußtsein eine um so freundlichere Stätte finden, als sie dem allgemeinen Wohle schmerzliche Opfer gebracht haben. <. . .> Wenn Deutschlands einträchtiger Fürstenrath der großen Maiversammlung zu Frankfurt am Main einen Deutschen Fürsten seiner Wahl als erbliches Reichsoberhaupt zur Annahme zuführt, dann werden Freiheit und Ordnung auf Deutschem Boden sich versöhnt die Hände reichen und fürder nicht voneinander lassen.« (Quellen zum Staatsrecht, S. 235) – Metternich wurde durch die Revolution am 13. März 1848 gestürzt; er floh nach England, dann nach Belgien und kehrte 1851 nach Wien zurück, wo er als Berater des Kaisers Franz Joseph galt.

S. 34 a) Brief an Melchior Diepenbrock: Melchior Diepenbrock (1798–1853), ein Schüler Clemens Brentanos und Johann Michael Sailers, war seit 1845 Fürstbischof von Breslau, 1848 Mitglied des Frankfurter Parlaments. – *Karl Hügel:* Karl Alexander Freiherr von Hügel (1796–1870), Naturforscher, Weltreisender, österreichischer Offizier und Diplomat.

S. 35 b) Brief an Graf Buol-Schauenstein: Graf Buol-Schauenstein: Karl Ferdinand Graf von Buol-Schauenstein (1797–1865); österreichischer Diplomat und Politiker, 1851 Gesandter in London, seit April 1852 österreichischer Außenminister. – *Frankreich und England haben sich verständigt:* Die Politik der Zeit stand im Zeichen des Gegensatzes von Rußland auf der einen Seite und dem Frankreich Louis Napoleons und dem England Palmerstons auf der anderen Seite, der schließlich zum Krimkrieg 1853/56 führte. Buol-Schauenstein orientierte die österreichische Politik von einer Anlehnung an Rußland um in einen Bündnisvertrag mit Frankreich und England (1854). – *Richard:* Richard Fürst von Metternich (1829–1895), der älteste Sohn Metternichs aus seiner zweiten Ehe; 1852 Gesandtschaftsattaché in Paris, seit 1859 österreichischer Botschafter in Paris. Der Dichter Adalbert Stifter war einer seiner Hauslehrer.

II. Die Zeit zwischen den Weltkriegen 1918–1939

1. Rede Gustav Landauers im Provisorischen Nationalrat des Volksstaates Bayern am 18. Dezember 1918

Satzvorlage: Verhandlungen des provisorischen Nationalrates des Volksstaates Bayern im Jahre 1918/1919. Stenographische Berichte Nr. 1 bis 10, München o. J., S. 110 (5. Sitzung vom 18. Dezember 1918).

S. 36 Gustav Landauer (1870–1919) war an der Seite Kurt Eisners an der Revolution in München (7./8. November 1918) beteiligt. Als Mitglied des Arbeiterrates sollte er, nach dem Willen Eisners, das Gesicht der pazifistisch-anarchistischen Revolution in Bayern prägen. Nach Eisners Ermordung fühlte sich Landauer als sein Erbe und versuchte – für kurze Zeit – in der sogenannten anarchistischen Räterepublik Baiern als »Volksbeauftragter für Volksaufklärung«, das Werk einer Revolutionierung der Gesinnung fortzusetzen; nach der Machtübernahme durch die Kommunisten, gegen deren Gewaltmethoden er heftig protestierte, zog er sich aus dem politischen Tageskampf zurück. Er wurde am 1. Mai 1919 von Truppen der Regierung Hoffmann verhaftet und am 2. Mai 1919 bestialisch ermordet.

Zu Landauers Einfluß auf die bayerische Revolution 1918/19 vgl. Wolfgang Frühwald, Kunst als Tat und Leben. Über den Anteil deutscher Schriftsteller an der Revolution in München 1918/19, in: Sprache und Bekenntnis. Sonderband des Literaturwissenschaftlichen Jahrbuchs, Berlin 1971, S. 363–389.

Durch Gustav Landauer wohl ist »Ordnung« – in sonderbarem Kontrast zu dem landläufigen und überlieferten Begriff der »Anarchie« – eines der Leitworte der bayerischen Revolution geworden. Landauer nämlich definierte in Artikel 4 seines Sozialistischen Bundes vom Jahre 1908 die von ihm gemeinte »Anarchie durch Ordnung«: »Der Sozialistische Bund erklärt als Ziel seiner Bestrebungen die Anarchie im ursprünglichen Sinne: Ordnung durch Bünde der Freiwilligkeit«. So kam es, daß die zahllosen Aufrufe der revolutionären Regierung zur Erhaltung von »Ruhe und Ordnung« im Lande dem Selbstverständnis der Revolutionäre nicht widersprachen und selbst ein Aufruf des revolutionären Zentralrates der Räterepublik Baiern vom 10. April 1919 im Versprechen jener Güter gipfelte, die dem gequälten Volk am notwendigsten schienen:

»An Alle!

Die Räterepublik Baiern *mußte* kommen, da der frühere sogenannte freie Volksstaat Bayern weder ein freier noch ein Volksstaat war.

Kapitalismus und Parlamentarismus hausten unter grobem Mißbrauch des Namens Republik schlimmer und gerissener als zuvor, so daß sich alle arbeitenden Volksgenossen empört und mit vollem Recht fragten:

Sollen das die Früchte der Revolution sein? War eine solche Kapitalistenrepublik alle unsere Revolutionsopfer wert?

Nein! Diese frühere verlogene Scheinrepublik war in den Augen aller wirklichen und ehrlichen Sozialisten von vorneherein gerichtet!

Nur die *Räte-Republik*

bringt dem also betrogenen Volke endlich die so lange vorenthaltenen Früchte der Revolution; denn:

Sie erst legt die Axt an die Wurzel des Kapitalismus und Parlamentarismus.

Sie erst kann das Massenelend beseitigen durch energische unnachsichtliche und sofortige Regelung der Wohnungs-, Lebensmittel- und Bekleidungsfrage, durch eine Vollsozialisierung, die den Kapitalismus nicht mit Glacéhandschuhen anfaßt!

Sie erst befreit den Arbeiterstand aus bürokratischer und kapitalistischer Unterdrückung, indem sie den Arbeitern durch das Rätesystem das volle Selbstverwaltungsrecht in die Hand legt.

Sie erst führt uns zu einem Weltfrieden, der uns der Zahlung unerhörter Kriegskosten enthebt und internationalen Warenaustausch wieder ermöglicht.

Sie erst kann durch solch weitgehende und tiefgreifende Erfüllung jahrtausendalter Forderungen des Proletariats der verelendeten, aus allen Wunden blutenden Welt endlich bringen

Ruhe – Brot – Ordnung.« –

die Nationalversammlung: Der Kampf um die Wahlen zur verfassunggebenden deutschen Nationalversammlung wurde im ganzen deutschen Reich zwischen den Anhängern eines Rätesystems und denen einer parlamentarischen Demokratie ausgetragen. Die Wahlen fanden am 19. Januar 1919 statt. – *das Haus Wittelsbach wieder zurückrufen:* Der letzte bayerische König, Ludwig III. aus dem Hause Wittelsbach, war durch die unblutige Revolution vom 7./8. November 1918 gestürzt worden; er verzichtete am 13. November auf die Ausübung der Thronrechte, verweigerte aber die Abdankung. Sein Sohn, Kronprinz Rupprecht, legte am 10. November von Brüssel aus

Verwahrung gegen die politische Umwälzung in Bayern ein und hat auf die Thronrechte zeitlebens († 1955) nicht verzichtet. – *Revolution bricht Recht:* Vgl. dazu Landauers, auf Anregung von Martin Buber, geschriebenes Buch ›Die Revolution‹ (1907). – *am 9. oder 10. November umkostümiert:* Die Parteien des Wilhelminischen Reiches haben zum Teil unter neuen Namen in der Weimarer Republik weiterexistiert: Fortschrittspartei und Nationalliberale nannten sich jetzt Demokraten und Deutsche Volkspartei; konservative und völkische Gruppen schlossen sich zur Partei der Deutschnationalen zusammen. – *der Landtag in Bayern:* Am 12. Januar 1919 wurden im rechtsrheinischen Bayern Landtagswahlen durchgeführt. Dabei errangen u. a. die Sozialdemokraten 61, die Bayerische Volkspartei 66, und die Unabhängigen Sozialdemokraten, die Partei Kurt Eisners, lediglich 3 von insgesamt 180 Sitzen. – *die neue Demokratie:* Gemeint ist Landauers korporatives Gemeinschaftssystem, die Utopie einer in Bünde und Räte gegliederten Gesellschaft, die an die Stelle des verhaßten Staates tritt, d. h. die Vorstellung der Gemeinschaft als »Kunstwerk«, die er in der bayerischen Räterepublik glaubte verwirklichen zu können.

2. Rede Ernst Tollers vor dem Kongreß der bayerischen Arbeiter-, Bauern- und Soldatenräte am 27. Februar 1919

Satzvorlage: Stenographische Berichte über die Verhandlungen des Kongresses der Arbeiter-, Bauern- und Soldatenräte vom 25. Februar bis 8. März 1919, München o. J., S. 51 f. (2. Sitzung, 27. Februar 1919).

S. 38 Der junge Dichter Ernst Toller (1893–1939) war von Eisner nach München geholt worden, um an der Gesinnungsrevolution mitzuwirken. Er übernahm nach Eisners Ermordung den Vorsitz der Unabhängigen Sozialdemokratischen Partei in München und wurde zum Vorsitzenden des Zentralrates der bayerischen Arbeiter-, Bauern- und Soldatenräte gewählt. In dieser Eigenschaft stand er im April 1919 für kurze Zeit an der Spitze der von ihm mitbegründeten anarchistischen

Räterepublik Baiern, bis er durch die kommunistische Räterepublik entmachtet wurde. Im Gegensatz zu Landauer stellte er sich auch den neuen Machthabern zur Verfügung und wurde für wenige Tage Kommandant der Roten Garde. Gegen Ende der kommunistischen Räterepublik in Gegensatz mit deren Führern Leviné und Levien geraten, konnte er sich, nach der Eroberung Münchens durch die »weißen« Truppen, zunächst versteckt halten. Er wurde im Juni 1919 verhaftet und im Juli des gleichen Jahres wegen Hochverrates zu 5 Jahren Festungshaft verurteilt. Toller ist während und nach seiner Festungshaft einer der bekanntesten Dramatiker der Weimarer Republik geworden, im Exil nahm er sich 1939 das Leben.

am Grabe Eisners: Kurt Eisner war am 21. Februar 1919 durch einen Einzelgänger, den Grafen Anton v. Arco-Valley erschossen worden. Seine Beisetzung am 26. Februar 1919 war die letzte machtvolle Demonstration der Revolution in Bayern. – *Friedrich Adler:* Der Sozialist Friedrich Adler (1879–1960) hatte 1916 den österreichischen Ministerpräsidenten Graf Stürgkh erschossen, war zum Tode verurteilt und 1918 amnestiert worden. Während der Revolutionszeit stand er an der Spitze der österreichischen Arbeiterräte und verfocht, ähnlich wie die bayerischen anarchistischen Revolutionäre (Landauer, Toller u. a.), eine von Moskau unabhängige Form des Sozialismus. – *Münchener Post:* Die Zeitung der bayerischen Sozialdemokratie. – *Scheidemann, Ebert und Noske:* Die Mehrheitssozialdemokraten Philipp Scheidemann (1865–1939), als Ministerpräsident des ersten Reichskabinettes nach der Revolution (seit 13. Februar 1919), Friedrich Ebert (1871–1925), als Reichspräsident (seit 11. Februar 1919) und Gustav Noske, als Reichswehrminister im Kabinett Scheidemann, waren die Repräsentanten des demokratischen Parlamentarismus in Deutschland. Während sich andere große Revolutionen stets eigene Heere geschaffen haben, vermochten die Parteien der Weimarer Koalition »keine Armee eigenen Gepräges zu schaffen <. . .> Die Weimarer Republik ist hervorgegangen aus dem Zusammenwirken der Mehrheitssozialisten mit dem Generalstab, aus dem Pakt zwischen Ebert und Groener« (Erdmann, S. 87). Dieser Pakt wurde der Mehrheitssozialdemokratie von ihren Gegnern als Verrat an der Revolution ausgelegt.

Als Gustav Noske im Auftrag der Reichsregierung im Januar 1919 den Spartakusaufstand in Berlin blutig niederschlagen ließ, sandte Toller ein Telegramm nach Berlin, das am 1. Februar 1919 in der Zeitschrift ›Kain‹ (Bd. 5, Nr. 5, München 1919) abgedruckt wurde: »Scheidemann, Ebert, Noske. Mitglieder der Regierung. Berlin. Sie müssen erkennen, daß Sie seit Tagen an jedem Tropfen Blut, das noch vergossen wird, schuldig sind. Wenn das deutsche Volk selbst einen Ludendorff nicht zur Verantwortung zieht, Sie wird es vor ein Volksgericht stellen, und kein deutscher bewußter Arbeiter wird sich finden, der nicht sein dreimal schuldig spricht. Daß Sie keine Sozialisten sind, wir wußten es längst. Aber wir wissen nicht mehr, ob Mütter Sie geboren haben.« – *Herren des alten Systems:* Die Regierung Eisner mußte, um funktionsfähig zu werden, den gesamten Beamtenapparat des alten Bayern übernehmen. Auf Wunsch des Ministerpräsidenten stellte sich die Verwaltung der neuen Regierung zur Verfügung. Die bayerische Revolution ist – nach kleinen Anfangserfolgen – nicht zuletzt am Widerstand der Bürokratie gescheitert. Allenfalls die Bahnverwaltung gebärdete sich revolutionär, schon die Postverwaltung war antirevolutionär eingestellt. So konnte sich die bayerische Räterepublik von München aus auch nur entlang den Eisenbahnlinien bis Augsburg und Starnberg, später auch nach Osten hin bis Rosenheim ausdehnen. Vgl. dazu: Das militärische Vorgehen gegen München. Amtliche Darstellung, in: München-Augsburger Abendzeitung 6. 5. 1919, Nr. 171, Morgenausgabe; Helmut Neubauer, München und Moskau 1918/1919. Zur Geschichte der Rätebewegung in Bayern, München 1958. – *Minister erschossen und schwerverwundet:* Auf die Nachricht von der Ermordung Eisners wurde die Sitzung des bayerischen Landtages zunächst unterbrochen, nach einer Stunde wieder eröffnet. In dieser Sitzung verübte der Arbeiterrat Alois Lindner ein Attentat auf den Führer der bayerischen Mehrheitssozialdemokratie, den Innenminister Erhard Auer und verletzte ihn schwer. Auf der Flucht erschoß Lindner den Major Jahreis, und von der Tribüne des Landtags aus wurde der Abgeordnete Osel erschossen. Vor der ausbrechenden Gewalt zerstob der Landtag in alle Winde. – *ein Landtag überhaupt keinen Sinn mehr:* Das beherrschende politische Thema des Tages, das Ringen um eine parlamentarische oder eine Räte-Verfassung, ist für

Toller und Landauer mit Eisners Tod zugunsten der Räterepublik entschieden. Ihr Einsatz galt lediglich dem Versuch, eine möglichst breite sozialistische Basis für den Rätestaat zu gewinnen. Toller kritisierte im April 1919 nur den Zeitpunkt der Ausrufung einer Räterepublik, da die Einigung des bayerischen Proletariats noch nicht erreicht sei, den Gedanken der Räterepublik vertrat er stets in der Überzeugung, damit Eisners Testament zu vollstrecken. Durch einen der von der Idee einer Einheitsfront bedingten Kompromisse wurde dem Landtag gestattet, am 17. März zu einer Sitzung zusammenzutreten. Dabei wurde Johannes Hoffmann (MSPD) zum Ministerpräsidenten gewählt. Er verlegte vor der immer stärker werdenden Agitation für die Räterepublik seinen Regierungssitz nach Bamberg. Am 7. April wurde dann in München die Räterepublik proklamiert, die, durch innere Auseinandersetzungen geschwächt, schließlich von der Regierung Hoffmann mit Hilfe von Truppen der Berliner Zentralregierung und Freikorpstruppen beseitigt wurde.

3. Aufruf zu »Ruhe und Ordnung« im Escherich-Heft Nr. 11/12 (München 1921)

S. 40 Die Escherich-Hefte waren das publizistische Organ der sogenannten Orgesch, d. h. der Organisation Escherich, einer von Georg Escherich (1870–1941) gegründeten Organisation der bewaffneten Selbstschutzverbände, der Einwohnerwehren. Sie war aus gegenrevolutionären Bewegungen schon 1919 gegründet worden und die stärkste Stütze der bayerischen Rechtsparteien. Auf Grund der Entwaffnungsbestimmungen des Pariser Friedensvertrages und eines Ultimatums der Westmächte beschloß die bayerische Einwohnerwehr am 1. Juni 1921 die freiwillige Entwaffnung. Am 9. Juni 1921 wurde Karl Gareis, der Fraktionsführer der USPD im bayerischen Landtag, von einem Offizier der Einwohnerwehr ermordet (Toller rückte an seiner Stelle in den bayerischen Landtag nach, konnte das Mandat aber wegen der Festungshaft nicht antreten); am 28. Juni wurden die Einwohnerwehren durch eine Verordnung der bayerischen Regierung aufgelöst.

Volksgenossen: Ein in dieser Zeit noch unverfänglicher, neutraler Terminus, von Rednern aller ideologischen Richtungen – auch von Gustav Landauer – gebraucht, der aber schon 1920 im »Zeitprogramm« der NSDAP rassistisch definiert wurde: »*Staatsbürger* kann nur sein, wer *Volksgenosse* ist. Volksgenosse kann nur sein, wer deutschen Blutes ist, ohne Rücksicht auf Konfession. Kein Jude kann daher Volksgenosse sein.« – *Arbeit und Brot* wird wenig später, und dann vor allem in den Jahren der Weltwirtschaftskrise, zu einer zentralen Propagandaparole der NSDAP, Beleg dafür, wie stark der Nationalsozialismus auch an die nationalkonservative Propaganda der Weimarer Republik anknüpfte. – *»Ruhe und Ordnung«:* Die Anführungszeichen belegen, daß das Schlagwort inzwischen als Formel in das Bewußtsein des Volkes eingegangen ist und vor allem von der Regierung Kahr für sich reklamiert wird. Die Einwohnerwehren sind die Hauptstütze dieser Regierung, welche Bayern zur »Ordnungszelle« des deutschen Reiches zu machen suchte. – *Demütigungen von Versailles:* Der Friedensvertrag, den die deutsche Delegation im Spiegelsaal von Versailles, also an jenem Ort, an dem 1871 Wilhelm I. zum deutschen Kaiser proklamiert worden war, am 28. Juni 1919 unterzeichnen mußte, wurde für die Deutschen vor allem durch den Artikel 231, der die Alleinschuld Deutschlands und seiner Verbündeten am Kriege behauptete, zu einem »Diktat« (vgl. Erdmann, S. 104). Die deutschvölkische und die nationalsozialistische Revanche-Agitation fand hier ein besonders fruchtbares Feld. Am 28. Juni 1919 z. B. erschien das Organ der Alldeutschen, die ›Deutsche Zeitung‹ unter der Überschrift: »Rache! Deutsches Volk! Heute wird im Spiegelsaal von Versailles der Schandfrieden unterzeichnet. Vergiß es ihnen nicht! Wo im glorreichen Jahre 1871 das deutsche Kaisertum in alter Herrlichkeit erstand, wird heute die deutsche Ehre zu Grabe getragen. Vergiß es ihnen nicht! In rastloser Arbeit wird sich das deutsche Volk wieder emporarbeiten, um sich den Platz unter den Nationen zurückzuerobern, der ihm zukommt! Dann Rache für die Schmach von 1919!« (Schulthess' Europäischer Geschichtskalender. Neue Folge. 35. Jahrgang 1919. Hrsg. von Wilhelm Stahl, München 1923, S. 272). Hitler versäumte es vor 1923 – nach eigenem Geständnis – nie, in seinen Agitationsveranstaltungen auf den Versailler Friedensvertrag und die nationale Demütigung Deutschlands einzugehen. Im Anhang des 1. Bandes von ›Mein Kampf‹ (München 1925) ist die Ankündigung einer Massenversammlung abgedruckt, in der Hitler vor – angeblich 2120 Personen – am 24. November 1920 über »Versailles, Deutschlands Vernichtung« sprach. »Freiheit und Brot« lautete dementsprechend auch eine der ersten Propagandaparolen der NSDAP, die gleichsam die Punkte 2. und 3. des »Zeitprogrammes« vom 24. Februar 1920 zusammenfaßte. Diese Punkte lauten: »2. Wir fordern die *Gleichberechtigung des deutschen Volkes* gegenüber den anderen Nationen, Aufhebung der Friedensverträge von Versailles und St. Germain. 3. Wir fordern Land und Boden (Kolonien) zur *Ernährung unseres Volkes* und Ansiedlung unseres Bevölkerungsüberschusses.« – *ein einiges Volk:* Solche an Schillers ›Tell‹ erinnernde Formulierungen hatten in einer Zeit, da die Einheit Deutschlands durch separatistische Bestrebungen gefährdet war, einen besonderen Klang.

4. Kurt Tucholsky (1890–1935): ›Ruhe und Ordnung‹

Satzvorlage: Kurt Tucholsky, Gesammelte Werke. Hrsg. von Mary Gerold-Tucholsky und Fritz J. Raddatz, Bd. 2, Reinbek 1960, S. 19f.

S. 41 Kurt Tucholsky, (Satiriker der Weimarer Republik, 1890 in Berlin geboren, 1915 zum Dr. jur. promoviert, Mitarbeiter und zeitweilig Herausgeber der Zeitschrift ›Die Weltbühne‹; der sich 1935 im schwedischen Exil das Leben nahm), kannte »Ruhe und Ordnung« sowohl in der kodifizierten Fassung des ›Allgemeinen Landrechts‹ als auch in der unheilvollen Bedeutung des reaktionären und national-konservativen Schlagwortes. 1913 schon prangerte der Student Tucholsky in der ›Schaubühne‹, in dem einem Zensor namens Karl Brunner gewidmeten Aufsatz ›Verbotene Filme‹, die Wirkungen des Paragraphen 10 II 17 ALR an (Werke 1, S. 89ff.); 1925 schrieb er – unter dem Eindruck der Staatsparole der Weimarer Republik, die sich auf Gedeih und Verderb gegen ihre Feinde von links mit Reichswehr und Freikorpstruppen verbündet hatte –

das Gedicht ›Ruhe und Ordnung‹; der Abreißkalender, den er im Dezember 1925 besprach, mahnte ihn mit Unterschriften, wie *»Ruhe und Ordnung herrscht wieder in Berlin«*, an dieses Bündnis (Werke 2, S. 286); 1927 erinnerte ihn der Typus des »Unpolitischen«, als dessen eine Variante er 1924 die Gestalt des Herrn Wendriner geschaffen hatte, an das Schlagwort als Ausdruck besitzbürgerlicher Gewöhnung auch an Krieg, Unterdrückung und politischen Terror: »Diese ›Unpolitischen‹ (›Wissen Se – ich kümmer mich nich um Politik! Ich will Ordnung und Ruhe, und jeder soll haben, was ihm zukommt, und bei mir im Geschäft soll alles klappen!‹) – grade diese sind Mitläufer, Handlanger und Bejaher der schlimmsten Untaten, wenn sie nur reglementsmäßig geschehen. Und sie geschehen. Wir werden das, zum zweiten Mal, erleben.« (Werke 2, S. 858) Und 1930 heißt es in einer Besprechung von Ernst Ottwalts Buch ›Ruhe und Ordnung‹: »Der Verfasser ist in den Jahren 1919 und 1920 dabei gewesen, wo es Klamauk gab, wo geschossen wurde, wo es Geld zu verdienen gab . . . frisch von der Penne herunter ist er zu jener großen Firma gelaufen, die ›Ruhe und Ordnung‹ vertrieben hat (o Geist der Sprache!) – und das schildert er.« (Werke 3, S. 391) Vgl. auch Werke 2, S. 435; 3, S. 535, 548 u. ö.

Tucholskys Gedicht ›Ruhe und Ordnung‹ entstand und erschien in einer Zeit, in der die konservativen Kräfte der Weimarer Republik mit dem neuen Staat Frieden schlossen. Im Dezember 1924 hatten Reichstagswahlen stattgefunden, die am 15. Januar 1925 zur Bildung einer bürgerlichen Koalitionsregierung (aus Zentrum, DVP und Deutschnationalen), unter dem parteilosen Reichskanzler Dr. Luther, führten. Tucholsky prangert ›Ruhe und Ordnung‹ an als eine wilhelminische, vorrevolutionäre Parole, den Ausgang der Wahlen, die Bildung einer »bürgerlichen Rechtskoalition«, als Ausdruck der Restauration des Deutschland vor 1918. Diese Entwicklung, welche die für Tucholsky und die Revolution so entscheidende soziale Frage ungelöst ließ, fand sichtbaren Ausdruck – nach dem Tode Friedrich Eberts (28. Februar 1925) – in der Wahl des »Ersatzkaisers« Paul von Hindenburg zum Reichspräsidenten (25. April 1925). Auch Stresemann, der in diesen Jahren führende Staatsmann der Republik, sah in Hindenburgs Kandidatur »die historische Kontinuität zwischen dem Deutschland vor und nach dem Umsturz, zwischen Monarchie und Republik sichtbar verkörpert« (Erdmann, S. 155).

5. Adolf Hitler (1889–1945). Mein Kampf. 2. Band (1927)

Satzvorlage: Mein Kampf. Die nationalsozialistische Bewegung von Adolf Hitler. 2. Band. München 1927; Text a) aus dem Kapitel ›Der Staat‹, Abschnitte: ›Suggestive Kraft des Selbstvertrauens‹ und ›Suggestive Kraft der Gemeinsamkeit‹, S. 45 f.; Text b) aus dem Kapitel ›Notwehr als Recht‹, Abschnitt: ›Die versäumte Abrechnung mit dem Marxismus‹, S. 34.

S. 42 Hitlers ›Mein Kampf‹, ein ebenso weit verbreitetes wie wenig gelesenes Buch, erschien in den Jahren 1925 und 1927 in zwei Bänden. Der erste Band: ›Mein Kampf. Eine Abrechnung von Adolf Hitler, München 1925‹, entstand während Hitlers Festungshaft in Landsberg am Lech. Der zweite Band entstand nach Hitlers vorzeitiger Entlassung aus der Festungshaft während der Zeit des ihm von der bayerischen Regierung auferlegten Redeverbots 1925/26. Entsprechend der im Vorwort ausgesprochenen Maxime, »daß man Menschen weniger durch das geschriebene Wort als vielmehr durch das gesprochene zu gewinnen vermag, daß jede große Bewegung auf dieser Erde ihr Wachsen den großen Rednern und nicht den großen Schreibern verdankt«, sind die von Hitler diktierten Bände von seinem rhethorischen Stil geprägt.

Im Kampf gegen »Ruhe und Ordnung« beweist sich der Nationalsozialismus, vor seinem spektakulären Bekenntnis zur legalen Eroberung der Macht, als revolutionär und antibürgerlich. Historisch ist Hitlers Kampf gegen die Staatsformel der Weimarer Republik – besonders im zweiten Band von ›Mein Kampf‹ – einerseits gegen die Politik der seit dem 30. November 1923 (bis 12. Juni 1928) in Berlin regierenden »bürgerlichen« Koalitionen gerichtet, andererseits unmittelbar gegen die Ordnungs- und Ordnungszellenpolitik der Bayerischen Volkspartei. Am 9. November 1923, dem Tag des Hitlerputsches in München, neutralisierten sich die Diktaturpläne des

Nationalkonservativismus und des Nationalsozialismus gegenseitig. Gustav Ritter von Kahr, der von September 1923 bis Februar 1924 in Bayern als Generalstaatskommissar regierte und sich selbst als »Statthalter der Monarchie« in Bayern verstand, stützte sich vor allem auf jene »Vaterländischen Verbände«, die schon 1921 in den Escherich-Heften Otto Autenrieths Buch ›Bismarck II.‹ feierten: »<. . .> der Verfasser meistert mit kühnem Griff in einem Zukunftsbilde, das in grandiosen Umrissen die kommende Auseinandersetzung zwischen den größten Weltmächten aufrollt, das künftige Schicksal des Deutschen Reiches, dem er auf dem Wege über die Diktatur der Persönlichkeit die Erlösung aus den Fesseln des Versailler Friedensvertrages Frieden und neue Weltgeltung verheißt.« Kahrs Rede vor den »Vaterländischen Verbänden«, deren Versammlung im Münchener Bürgerbräukeller, am Abend des 8. November 1923, Hitler zum Beginn seines Putsches benützte, handelte von der »sittlichen Berechtigung« der Diktatur.

6. Joseph Goebbels (1897–1945)

Satzvorlage: a) Wahlrede in Bayern im Juli 1932; unter dem Titel ›Gebt Raum dem jungen Deutschland‹, in: Dr. Joseph Goebbels, Revolution der Deutschen. 14 Jahre Nationalsozialismus. Goebbelsreden mit einleitenden Zeitbildern von Hein Schlecht, Oldenburg i. O. 1933, S. 103f.

b) Rede in Berlin am 1. April 1933; unter dem Titel ›Wider die Greuelhetze des Weltjudentums‹, ebd. S. 159.

c) Rundfunkrede am 19. April 1945, in: Völkischer Beobachter, 20. April 1945. Vollständiger Text der Rede in: Goebbels-Reden. Bd. 2: 1939–1945. Hrsg. von Helmut Heiber, Düsseldorf 1972, S. 447–455.

Joseph Goebbels, bis in die letzten Tage des ›Dritten Reiches‹ Hitlers treuester Anhänger, war seit 1929 Reichspropagandaleiter der NSDAP, seit 1926 Gauleiter von Berlin. Die hier gedruckten Redeauszüge zeigen ihn im Wahlkampf im Sommer 1932, der unter dem Zeichen des politischen Terrors stand. Bei der Wahl am 31. Juli 1932 steigerten die Nationalsozialisten die Zahl ihrer Reichstagsmandate von bisher 107 auf 230. Sie zeigen ihn dann, als Leiter des ›Ministeriums für Volksaufklärung und Propaganda‹ (seit 13. März 1933), bei der Eröffnung des sogenannten Judenboykotts am 1. April 1933 im Berliner Sportpalast, mit dem die Vernichtung des europäischen Judentums eingeleitet wurde; und schließlich bei seiner letzten Rundfunkrede am Vorabend von Hitlers 56. Geburtstag am 19. April 1945. Zwölf Tage nach dieser letzten Rede, »am 1. Mai gegen neun Uhr abends, erschoß sich Joseph Goebbels, knapp dreißig Stunden nach seinem Führer, im Garten der Reichskanzlei. Die Russen standen bereits am Brandenburger Tor und am Potsdamer Platz« (Heiber 2, S. 455).

S. 43 a) Wahlrede in Bayern: In der Satzvorlage wird die Rede als »Münchener Wahlrede am 31. Juli 1932« bezeichnet. Wie so häufig bei Goebbels-Reden, ist hier vermutlich sowohl der Ort wie auch das Datum fehlerhaft, da Goebbels am Tag der Wahl selbst in München keine Rede mehr gehalten hat. Es könnte sich um die Rede in Augsburg am 24. Juli 1932 handeln (vgl. Kaiserhof, S. 133). Die Rede zeigt – verständlich aus der Situation des Wahlkampfes – zahlreiche Parallelen zu der bei Heiber 1 unter Nr. 4 (S. 43–50) abgedruckten Berliner Rede vom 9. Juli 1932.

unser Hakenkreuzabzeichen: Im Hakenkreuz sah der Nationalsozialismus das Symbol »des Kampfes für den Sieg des arischen Menschen und zugleich mit ihm auch den Sieg des Gedankens der schaffenden Arbeit, die selbst ewig antisemitisch war und antisemitisch sein wird« (Mein Kampf, Bd. 2, S. 141). – *mit ihren Sklarek-Pfeilen:* Die Wortprägung dient Goebbels zur Diffamierung des sozialdemokratischen Gegners. Drei nach links unten gerichtete Pfeile sind das Kampfsymbol der Sozialdemokratie, deren Frontkämpferorganisation, das »Reichsbanner«, sich mit Gewerkschaften und den Arbeitersportverbänden, in Abwehr des vordringenden Nationalsozialismus, zur »Eisernen Front« zusammengeschlossen hatte (16. Dezember 1931). Die Brüder Sklarek aber, Mitglieder der SPD, Kaufleute in Berlin, waren im Juni 1932, wegen Bestechung und anderer Delikte, zusammen mit hohen Beamten der Berliner Stadtverwaltung, zu Zuchthausstrafen verurteilt worden. In seiner Rede am 9. Juli 1932 sagte Goebbels im Berliner

Lustgarten, unter dem Gelächter seiner Zuhörer: »Und sie heften sich ihre drei Freiheitspfeile in die Knopflöcher hinein. Wir werden ihnen in diese Pfeile hineinschreiben! Im ersten Pfeil steht der Name ›Max‹, im zweiten Pfeil der Name ›Leo‹, im dritten Pfeil der Name ›Willy‹. Und darunter steht: Max, Leo und Willy Sklarek fordern euch auf: Wählt SPD!« (Heiber 1, S. 49) – *das Wort von Schiller:* Schiller, der »Kampfgenosse Hitlers«, wie es in einer zeitgenössischen Broschüre heißt (Hans Fabricius, Schiller als Kampfgenosse Hitlers, Berlin 1934), erscheint häufig mit jenen Sentenzen, die zu geflügelten Worten geworden sind, in den Reden der nationalsozialistischen Parteiführer. Wenige Seiten vorher zitiert Goebbels, mit Bezug auf Papens Staatsstreich in Preußen, (durch den die preußische Regierung Braun-Severing abgesetzt wurde [20. Juli 1932]) Schillers ›Don Carlos‹: »Wie mag es den Herren Severing, Braun und Grzesinski jetzt wohl zumute sein! Die schönen Tage von Aranjuez sind nun vorbei!« (Goebbels, Revolution der Deutschen, S. 93). Die Schillerzitate häufen sich in den nationalsozialistischen Reden der Jahre 1933/34 und nehmen dann merklich ab; doch wurde schon im revolutionären Bayern Schiller häufig sowohl in der revolutionären, wie in der völkischen Propaganda eingesetzt.

S. 44 b) Rede in Berlin am 1. April 1933: Die Organisation des Judenboykotts ist eine der ersten Maßnahmen von Goebbels nach der Übernahme des Reichspropagandaministeriums. Er richtete sich zunächst – in erpresserischer Absicht – gegen die politische Tätigkeit der deutschen Emigranten im Ausland. Goebbels nennt als Zentren der »Boykotthetze gegen Deutschland« und der »Aufwiegelung der Weltpresse« London und New York. Der Boykott ist aber auch Auftakt zur Verfolgung des Judentums im Inneren Deutschlands, das von nun an als Geisel gegenüber den Angriffen aus dem Ausland genommen wird, dem weiterhin durch den Entzug der Existenzbasis die Auswanderung nahegelegt werden soll. Darüber hinaus ist der Judenboykott ein erster außen- und innenpolitischer Test der neuen Machthaber, wie weit das deutsche Volk schon bereit war, der Rassenpolitik zu folgen oder ihr – wenigstens passiv – Widerstand zu leisten; wie weit die auswärtigen Mächte bereit sein würden, die Verfolgung der Juden als eine »innere Angelegenheit« Deutschlands anzusehen. Der Erfolg des Judenboykotts – nach innen wie nach außen – hat die Nationalsozialisten ermutigt, den eingeschlagenen Weg konsequent – das heißt: bis Auschwitz – zu Ende zu gehen. Goebbels schreibt über die Auswirkungen: »Der Boykott ist für Deutschland ein großer moralischer Sieg. Wir haben dem Ausland gezeigt, daß wir die ganze Nation aufrufen können, ohne daß es dabei im mindesten zu turbulenten Ausschreitungen kommt. <. . .> Die Welt wird einsehen lernen, daß es nicht gut tut, sich von den jüdischen Emigranten über Deutschland aufklären zu lassen. Es steht uns ein geistiger Eroberungsfeldzug bevor, der in der Welt genau so durchgesetzt werden muß, wie wir ihn in Deutschland selbst durchgesetzt haben.« (Kaiserhof, S. 291 f.)

will keinen Krieg: Daß bei den Organisatoren des Boykotts die Furcht vor einem Eingreifen des Auslandes groß war, belegt Goebbels nicht nur durch diese pointiert ausgesprochenen Sätze, sondern auch durch die Notiz in seinem Buch ›Vom Kaiserhof zur Reichskanzlei‹: »Viele lassen die Köpfe hängen und sehen Gespenster. Sie meinen, der Boykott würde zum Krieg führen. Wenn wir uns wehren, können wir nur Achtung gewinnen.« (Kaiserhof, S. 290) Die übersteigerte Beteuerung, daß der Boykott in »Ruhe und Ordnung« verlaufen werde, diente also auch der Beruhigung des Auslandes.

S. 45 c) Rundfunkrede am 19. April 1945: Die Reden am Vorabend von Hitlers Geburtstag sind Höhepunkte in der Rednerlaufbahn des Propagandaministers. Seit sich – mit Kriegsbeginn – Hitler immer mehr aus der Öffentlichkeit zurückzieht und nur noch selten selbst als Redner auftritt, wird der Mythos des »Führers«, in den Geburtstagshuldigungen Goebbels' immer dichter.
Das Werk Hitlers, das soeben im Inferno des von ihm entfesselten Zweiten Weltkrieges unterging, wird als »ein Werk der Ordnung« bezeichnet und die Utopie eines den Bolschewismus besiegenden Europa unter Führung Hitlers entworfen: »Das Chaos wird gebändigt werden! Nicht die Unterwelt wird diesen Erdteil beherrschen, sondern Ordnung, Frieden und Wohlstand.« (Heiber 2, S. 453)

Buckhardt sagt: Helmut Heiber (2, S. 449) weist das Zitat in Band 7 der Gesamtausgabe der Werke Jacob Burckhardts, Stuttgart 1929, S. 180 nach. – *Atlantik-Charta und aus ihren vier Freiheiten:* Heiber (2, S. 449) weist darauf hin, daß der amerikanische Präsident Roosevelt am Anfang des Jahres 1941, also vor dem Eintritt der USA in den Krieg, das »Programm der ›Vier Freiheiten‹ (Freiheit der Rede, der Religion, von Not und Furcht)« verkündet habe. Das Programm der Atlantik-Charta verkündeten Roosevelt und Churchill am 12. August 1941; es versprach der Welt, nach dem Sturz der Naziherrschaft ein »Leben frei von Furcht und Not«.

7. Die Greuelpropaganda ist eine Lügenpropaganda (1933)

Satzvorlage: Die Greuelpropaganda ist eine Lügenpropaganda sagen die deutschen Juden selbst. <Hrsg. von Jakow Trachtenberg>. Berlin 1933.

S. 46 Das in deutscher, niederländischer und schwedischer Sprache im Jakow-Trachtenberg-Verlag, Berlin erschienene Buch sammelt Dokumente, die belegen sollen, daß sich die Machtübernahme durch den Nationalsozialismus in »Ruhe und Ordnung« vollzogen habe und Ausschreitungen gegen deutsche Juden das Werk einzelner Fanatiker seien. Das Buch, das mit der Erklärung eines Berliner Notars über die Echtheit der abgedruckten Dokumente beginnt, ist unterteilt in die Abschnitte: »Die Reichsregierung und die Parteileitung der NSDAP. erklären«, »Die jüdischen Organisationen erklären«, »Jüdische Persönlichkeiten erklären«, »Die Presse schreibt«. Es enthält u. a. eine Erklärung von Leo Baeck (Vorsitzender des Deutschen Rabbiner-Verbandes, Präsident der Reichsvertretung der deutschen Juden; 1942 nach Theresienstadt deportiert und vom jüdischen Volk noch heute als der »Heilige von Theresienstadt« verehrt) des Wortlauts, daß »Linkskreise in der ganzen Welt die Judenschaft Deutschlands bei ihren Angriffen als Schild vor sich gehalten und den Versuch gemacht« hätten, »durch unverantwortliche, unwahre Meldungen ihren politischen Gegnern, den regierenden Nationalsozialisten zu schaden« (S. 33). Entstehung und Absicht des Buches – im Sinne der Frage von Karl Kraus: »Dokument einer Gesinnung, das Ergebnis der raffiniertesten Vergewaltigung, oder beides zugleich?« (Dritte Walpurgisnacht, S. 90) – sind nicht geklärt.

8. Karl Kraus (1874–1936): Aus der ›Dritten Walpurgisnacht‹ (1933)

Satzvorlage: Karl Kraus, Die Dritte Walpurgisnacht. Hrsg. von Heinrich Fischer. Mit einem Essay ›Karl Kraus und die Zeitgeschichte‹ (1927–1934) von Wilhelm Alff, München 1967, S. 97f. (Band 152 der Reihe Die Bücher der Neunzehn).

S. 48 In den Jahrgängen der Zeitschrift ›Die Fackel‹, die der österreichische Sprachsatiriker Karl Kraus seit April 1899 herausgab und als deren einzigen Mitarbeiter er sehr bald nur noch sich selbst anerkannte, gibt es nur in den Jahren 1914/15 zwei zeitbedingte Lücken. Umso auffälliger war es, daß Kraus auf die Machtergreifung Hitlers lediglich mit dem zehnzeiligen Gedicht »Man frage nicht, was all die Zeit ich machte« zu reagieren schien. In Wirklichkeit war ein mehrere hundert Seiten umfassendes Heft der ›Fackel‹, überschrieben ›Dritte Walpurgisnacht‹ (ohne den bestimmten Artikel!), bereits gesetzt, doch hat sich Kraus im Sommer 1933, angesichts der Geiselpolitik der nationalsozialistischen Machthaber, entschlossen, es nicht zu veröffentlichen. Erst nach verständnislosen Angriffen gegen sein Schweigen, erschien 1934 das umfangreiche ›Fackel‹-Heft: ›Warum die Fackel nicht erscheint‹, in das große Passagen der ›Dritten Walpurgisnacht‹ eingegangen sind. Die ›Dritte Walpurgisnacht‹ selbst erschien als Band 1 der von Heinrich Fischer herausgegebenen Werke erstmals (postum) 1952.

Konfrontiert mit Goebbels' Propagandamaschinerie, mit dem »Ruhe- und Ordnungs-Versprechen« der Machthaber und ihren internationalen Erfolgen beim Versuch, Reputation zu erwerben, gewann Karl Kraus aus der Analyse des Tatmenschentums, dessen »Denken« er aus sich materialisierenden Phrasen zusammensetzt, die Überzeugung, im nationalsozialistischen Deutschland einen Aufstand der Sprache gegen ihre

Sprecher beobachten zu können. Er sah den Aufstand der Sprache gegen eine Diktatur, »die heute alles beherrscht außer der Sprache« (S. 9) und schöpfte daraus die Hoffnung, daß die Herrschaft der sprachlosen Gewalt vorübergehen werde, wie ein böser Traum. Sexualhaß und Machtgier waren für Kraus die Triebkräfte des Nationalsozialismus; in ihm sah er die stets befürchtete »Revindikation des Phraseninhalts« (S. 122), den »Aufbruch der Phrase zur Tat« (S. 123) verwirklicht: »Oder: ›mit einem blauen Auge davonkommen‹. Nicht allen ist es jetzt im uneigentlichen Sinne gelungen; manchen im eigentlichen. Es war eine Metapher gewesen. Es ist nur noch dann eine, wenn das andere Auge verloren ging; oder auch dann nicht mehr. – <. . .> Die Floskel belebt sich und stirbt ab.« (S. 123)

In diesem Zusammenhang sind die Gründe, die Kraus für die Verweigerung des Druckes der ›Dritten Walpurgisnacht‹ nannte, vielschichtiger als man annehmen könnte. Dem »Troglodyten« (S. 280) liefert nicht nur das zeitgenössische Pressewesen, sondern selbst der Satiriker der Phraseologie Material zur Untat, da der Sprachlose auch zur Erfindung neuer Phrasen unfähig ist. (Vgl. Wolfgang Frühwald, Kritik der Phraseologie. Sechs Thesen zu Karl Kraus' ›Dritte Walpurgisnacht‹, in: Interpretationen zur österreichischen Literatur, Wien 1971, S. 111–132; Helmut Arntzen, Karl Kraus und die Presse, München 1975, S. 49–51 u. ö. [Literatur und Presse. Karl-Kraus-Studien. hrsg. von Helmut Arntzen. Bd. 1]).

»Greuel«: Karl Kraus will genau, satzzeichen- und buchstabengetreu gelesen werden. Er zerlegt das Schlagwort der »Greuelpropaganda« in seine Bestandteile und läßt sich von den »immanenten satirischen Qualitäten« der Sprache (Klaus Lazarowicz, Verkehrte Welt. Vorstudien zu einer Geschichte der deutschen Satire, Tübingen 1963, S. 185 ff.) dorthin führen, wo deutlich wird, daß »Greuelpropaganda« nichts anderes heißt, als Bestätigung und Ausbreitung der Nazigreuel durch die nationalsozialistische »Gegenpropaganda« selbst: »Haben die Greueltäter nicht die Greuel, die sie in Einem photographierten und dementierten, als ›Folge der Propaganda‹ zugegeben? Wird nicht mindestens nachträglich wahr gemacht, was zuerst ›gelogen‹ war?« (S. 96) – *Ein Hochofenarbeiter:* Kraus hat genau recherchiert, Zeitungen und Zeitschriften innerhalb

und außerhalb Deutschlands ausgewertet; sein Buch kann und sollte im Materialbereich, aber auch in der Deutung verglichen werden mit: Konrad Heiden, Geburt des dritten Reiches. Die Geschichte des Nationalsozialismus bis Herbst 1933, Zürich 1934. Dort wird – besonders im Abschnitt ›Die nationale Erhebung‹ – das gleiche Material verarbeitet wie bei Kraus. – *des Ehrenvorsitzenden* des Verbandes nationaldeutscher Juden Max Naumann, dessen »Ruhe-und-Ordnungs-Erklärung« Kraus wenige Seiten vorher glossiert (S. 90). S. oben S. 46. – *höchster preußischer Garant:* Hermann Göring, seit 1933 preußischer Ministerpräsident. Am 17. Februar 1933 erließ Göring seinen berühmten Schießbefehl, »in dem es hieß, daß die Polizei auch nur den Anschein einer feindseligen Haltung gegen SA und Stahlhelm unter allen Umständen zu vermeiden habe; <. . .>« (Heiden, S. 116). Als »Hilfspolizei« hat die SA in den folgenden Wochen »sozusagen durch eine Anzahl von Mustergreueln« (Heiden, S. 118) die Öffentlichkeit so eingeschüchtert, daß sich eine breite Widerstandsfront nicht bilden konnte.

9. Stefan Zweig (1881–1942): Aus: ›Die Welt von gestern (1944)

Satzvorlage: Stefan Zweig, Die Welt von gestern. Erinnerungen eines Europäers, Frankfurt am Main 1947, S. 410f.

S. 49 Im brasilianischen Exil schrieb Stefan Zweig eine Autobiographie; nicht in der Absicht, sein Ich zur Hauptperson zu machen, sondern in jener Absicht, welche die große Zahl von Autobiographien der aus Hitler-Deutschland vertriebenen Autoren in den dreißiger und vierziger Jahren allgemein beherrschte: als Zeuge der Geschichte vor der Nachwelt auszusagen, wie es möglich war, daß Hitler und der Nationalsozialismus in Europa zur Macht kamen. »<. . .> die Zeit gibt die Bilder, ich spreche nur die Worte dazu, und es wird eigentlich nicht so sehr *mein* Schicksal sein, das ich erzähle, sondern das einer ganzen Generation – unserer einmaligen Generation, die wie kaum eine im Laufe der Geschichte mit Schicksal beladen war.« (S. 9) Ähnlich motivierten Ernst Toller, Carl Sternheim, Wilhelm Herzog, Heinrich Mann und viele andere die poetische »Besichtigung eines Zeitalters«. Die große Zahl der Autobiographien, die »den Humus der nationalsozialistischen Bewegung beleuchten« (Wilhelm Herzog, Hymnen und Pamphlete. 30 Jahre Arbeit und Kampf, Paris 1939, S. 8f.), dokumentiert das Bewußtsein der deutschen Literatur im Exil, am Ende eines Zeitalters – vergeblich gesuchter – europäischer Humanität zu stehen. Stefan Zweig nahm sich 1942 in Petropolis bei Rio de Janeiro das Leben; seine Energien waren, wie er in einem Abschiedsbrief schreibt (Aufbau, New York 27. 2. 1942, S. 16), »erschöpft durch die langen Jahre der Wanderung, die ich als Mann ohne Heimatland durchlebt habe«. Sein letztes Buch erschien postum erstmals 1944 im Exil-Verlag Bermann-Fischer in Stockholm.

General Ludendorff: Zweig beschreibt den Hitler-Ludendorff-Putsch des 9. November 1923. Wie viele seiner Zeitgenossen versteht er Hitler als eine Ausgeburt der Zeit, als einen der vielen Putschisten, einen der die Zeit durchziehenden Scharlatane und politischen Erlöser, dessen Gefährlichkeit eben deshalb, weil es ein Dutzendschicksal zu sein schien, zu spät erkannt wurde. Erich Ludendorff (1865–1937), ehemals Generalquartiermeister des deutschen Heeres, gehörte als Politiker und Begründer des Tannenbergbundes (gegen Freimaurer, Juden, Jesuiten und Marxisten) zur Schar der die Weimarer Republik bevölkernden Messias-Gestalten. Mit Hitler marschierte er am 9. November 1923 an der Spitze der SA, bei einem Gelingen des Putsches sollte er Oberbefehlshaber einer nationalen Armee werden. – *selbst Goethe hat gesagt:* S. dazu oben S. 25.

Darstellung

1. Historische Entwicklung

Das ›Allgemeine Landrecht‹

> O du gesegnetes Allgemeines Landrecht für die Preußischen Staaten! O du sein gesegneter § 10 II 17: »Die nötigen Anstalten zur Erhaltung der öffentlichen Ruhe, Sicherheit und Ordnung und zur Abwendung der dem Publiko oder einzelnen Mitgliedern desselben bevorstehenden Gefahr zu treffen, ist das Amt der Polizei.« Das ist ein Sätzchen! Jeden Bürger, der mit dem Kasernenton kollidiert, jeden verprügelten Streiker, jedes Opfer stiller Polizeiwachtstuben – sie alle weist ein dicker Zeigefinger auf jene Vorschrift. Die ist aus Gummi und umfaßt wie eine Zelle die Gehirne unterer und oberer Subalterner. Versammlungsverbote, Polizeischikanen gegen alte Zeitungsfrauen, Theaterzensur –: § 10 II 17.[1]

So interpretierte der Student Kurt Tucholsky 1913 jenen berühmten Paragraphen des ›Allgemeinen Landrechtes‹, der bis zum heutigen Tag die Grundlage des Polizeirechtes bildet. Tucholskys Polizeibegriff meint offenkundig die bewaffnete Ordnungsmacht, und seine Deutung des § 10 II 17 ALR schließt Kommentar und Exegese des Rechtstextes durch das 19. Jahrhundert hindurch mit ein.

Nicht immer aber war der Polizeibegriff so eng gefaßt, wie zu Anfang unseres Jahrhunderts, nicht immer war der § 10 II 17 »aus Gummi«.

Als ihn der preußische Geheime Oberjustiz- und -tribunalsrat Carl Gottlieb Svarez, dessen Denken von »zwei Grundlinien bestimmt« war: »der Pflichttreue und Opferbereitschaft des preußischen Beamtentums der friderizianischen Epoche und dem Geiste der Aufklärung und ihrer Naturrechtslehre«[2], dem von ihm geschaffenen »Grundgesetz« der preußischen Staaten einfügte, wies er der Polizei, das heißt der Verwaltung in einem sehr weiten Sinne, zwei gleichwertige Aufgaben zu: die Wohlfahrtspflege und die Gefahrenabwehr. Für Svarez, den Zeitgenossen Kants und Goethes, war die Sicherheit des Staates und seiner Bürger, die ruhige und geordnete bürgerliche Existenz in einem vor äußeren und inneren Feinden gesicherten Staatswesen, nicht allein eine Frage nach dem Schutz des Bürgers vor Kriminalität und Verbrechen, sondern vor allem eine Frage der inneren Übereinstimmung von Staat und Gesellschaft, Administration und Staatsbürgertum. Da für Svarez die »Gottheit <...> das Glück aller ihrer Geschöpfe« will und ebenso »jede Handlung eines Regenten durch den Gedanken, sein Volk glücklich zu machen, bestimmt werden« muß, da die Gottheit es in den freien Willen der Menschen gestellt hat, »die Baumeister ihres Glücks oder ihres Elends« zu sein, hat der weise Regent dafür zu sorgen, daß jeder Bürger des Staates »seine Kräfte und Fähigkeiten seiner eigenen Einsicht und Neigung gemäß zur Beförderung seiner Glückseligkeit gebrauchen könne, daß ein jeder bei diesem rechtmäßigen Gebrauch und bei dem dadurch sich erworbenen Eigentume und Rechten gegen alle äußeren Störungen und Beeinträchtigungen gesichert sei«[3]. So gehören für Svarez zu den Polizeianstalten auch »Unterrichts- und Erziehungsanstalten. Der äußere Gottesdienst. Die Schriftstellerei, das Theater. Die Veranstaltung und Direktion der Volksbelustigungen«, zu den vornehmsten Rechten der Polizei gehört das Recht, »Anstalten zu treffen, wodurch den Bürgern des Staats der Unterricht von ihren Pflichten und ein nicht bloß notdürftiger, sondern auch bequemer und froher Lebensgenuß erleichtert werde«[4]. Daß der Bürger also die Möglichkeit hat, sein Leben »durch einen in die gehörigen Grenzen eingeschränkten Genuß der mancherlei Vergnügungen aus den Schönheiten der Natur und Kunst« froh zu machen und zu erheitern, gehört für den Schöpfer des ›Allgemeinen Landrechtes‹ zur Fürsorgepflicht des Staates für Ruhe, Ordnung und Sicherheit.

Ehe Svarez die Begriffe »Ruhe«, »Ordnung« und »Sicherheit« kodifizierte und in seinen Vorträgen vor dem preußischen Kronprinzen, dem späteren König Friedrich Wilhelm III., 1791/92 den Gesetzestext formelhaft, in der Fassung: »Ruhe und Sicherheit«, »Ruhe und Ordnung« etc., variierte, hatte die Formel von »Ruhe und Sicherheit« schon eine Geschichte.

Es scheint, daß Svarez insofern differenziert, als »Ruhe und Ordnung« diejenige Haltung meint, die der Bürger dem Staate schuldet, der ihm seinerseits »Ruhe und Sicherheit« garantiert.

Ein »ruhiger« Bürger zu sein, ist die Vorbedingung für den Schutz, den Staat und Gemeinschaft dem einzelnen gewährt. Der Staat garantiert Ruhe im Inneren und im Äußeren, damit die »großen und wichtigen Zwecke der bürgerlichen Gesellschaft« erreicht werden:

> Sicherheit des Eigentums und der Rechte für jeden einzelnen durch die vereinigten Kräfte aller, ungestörter Gebrauch der natürlichen Freiheit eines jeden, soweit damit die Sicherheit und Freiheit der übrigen bestehen kann, Erleichterung der Mittel und Gelegenheiten zur Beförderung des Privatwohlstandes durch Veranstaltungen zur Ausbildung des Verstandes und Herzens, wodurch allein Neigung und Bereitwilligkeit zur Erfüllung der Pflichten des Wohlwollens erreicht werden kann, <. . .>[5]

Somit formuliert der § 10 II 17 als Aufgabe der Polizei folgerichtig die »Erhaltung der öffentlichen Ruhe, Sicherheit, und Ordnung«, da in dieser Formulierung sowohl das Individuum und seine »Privatglückseligkeit«, wie die Gemeinschaft und die »öffentliche Glückseligkeit« gemeint sind, der Rechtstext umfaßt alles, was der Staat dem einzelnen und was der einzelne dem Staate schuldet.

»Bürgerliche« Ursprünge der Ordnungsformel

Wenn der Regent des Staates von Svarez »zur Sicherstellung der inneren und äußeren Ruhe und Glückseligkeit der bürgerlichen Gesellschaft« auch das Recht zugesprochen bekommt, zum »Schutze gegen auswärtige Feinde <. . .> Krieg zu führen, Frieden zu schließen und Bündnisse zu errichten«[6], so scheint ihm der – vermutliche – Ursprung der von ihm kodifizierten Begriffe in der militärischen Fachsprache noch bewußt. Es soll nach Johann Christian Lünigs ›Großer Herren, vornehmer Ministren und anderer berühmten Männer gehaltene Reden‹ (1719) der österreichische Feldzeugmeister und Stadtkommandant von Wien, im Juli 1683, als der türkische Großwesir Kara Mustapha die Kaiserstadt, den »Goldenen Apfel«, wie Wien von den Türken damals genannt wurde[7], zu erobern drohte, in einer Rede vor der versammelten Bürgerschaft Wiens u. a. gesagt haben:

Eine geraume Zeit her hat unsere liebe Stadt in Frieden, Ruhe und Sicherheit gestanden, bisher ist unser Gottesdienst ordentlich verrichtet, Recht und Gerechtigkeit ungehindert geführt und die Arbeit ungezwungen fortgesetzt worden. Allein, betrachtet man den jetzigen Zustand gegen den vorigen: Es hat uns ein Feind überfallen und unsere Mauern umringt, daß wir weder aus noch ein können.[8]

Der militärsprachliche Ursprung von »Ruhe und Sicherheit« wirkte noch im 19. Jahrhundert nach, wenn Clemens Brentano 1830 in seinem Buch ›Die Barmherzigen Schwestern in Bezug auf Armen- und Krankenpflege‹ das »taktische Talent« der Oberin im Irrenhaus zu Maréville bei Nancy rühmt:

Die Räume des Hauses und die Höfe und Gärten sind weitläufig, die Haushaltung ruft an die verschiedensten Enden, die Zahl der Schwestern ist gering, und es erforderte ein taktisches Talent der Oberin, die Schwestern in ihren Arbeiten so zu vertheilen, daß sie sich einander zu Hülfe kommen konnten, gleich dem Talente eines Commandanten, der mit wenigen Soldaten die Ruhe und Sicherheit einer großen aufrührerischen Stadt aufrecht erhalten soll.[9]

In Lünigs Fassung wird allerdings eine zweite Wurzel der Termini deutlich, denn es scheint der Begriff der »Sicherheit« dem alten, bis ins Mittelalter hinabreichenden Begriffspaar »Ruhe und Friede« als eine »bürgerliche« Komponente hinzugefügt, wobei dieser Terminus nicht so sehr die Sicherheit vor dem äußeren Feind, sondern die Sicherheit des Eigentums und des Rechtes meint, und in dieser Bedeutung vor allem im friderizianischen Preußen Einfluß gewann[10].

Da die Regenten der »bürgerlichen Gesellschaft«, welche die Justizaufklärer im Lande Friedrichs des Großen mit dem »Staate« identifizierten, in einigen Zügen wenigstens »das erhabene Muster« der Gottheit »nachahmen könnten und sollten«[11], ist das Gebet um Sicherheit und Ruhe in Christian Fürchtegott Gellerts ›Morgengesang‹ (1757), der noch heute in den evangelischen Gesangbüchern steht, aus dem Geiste einer aufgeklärten Frömmigkeit geschrieben. Gellert, von Friedrich dem Großen verehrt, ein Repräsentant der Geisteshaltung aufgeklärter Bürgerlichkeit[12], stellt die Grundwerte des deutschen Bürgertums im 18. Jahrhundert an den Anfang eines Morgenliedes, welches das Versprechen enthält, für den Frieden, die Sicherheit und die Ruhe der Nacht, den Fleiß und die Arbeit des Tages für das Wohl des »Nächsten« einzusetzen:

Mein erst Gefühl sei Preis und Dank;
Erheb' ihn, meine Seele!
Der Herr hört deinen Lobgesang;
Lobsing' ihm, meine Seele!

Mich selbst zu schützen, ohne Macht,
Lag ich und schlief im Frieden.
Wer schafft die Sicherheit der Nacht
Und Ruhe für die Müden?

<...>

Du bist es, Herr und Gott der Welt,
Und dein ist unser Leben.
Und bist es, der es uns erhält,
Und mir's itzt neu gegeben.[13]

Das »preußische Gefühl«

Das »preußische Gefühl«, wie die mit der Begrifflichkeit der Justizaufklärung erläuterte Interdependenz von individueller und öffentlicher »Glückseligkeit« später verfälschend genannt wurde, kennt den revolutionäre Zustände bezeichnenden Gegensatz von Freiheit und Ordnung noch nicht, da es die Freiheit des einzelnen nicht mit jener der Anarchie zuneigenden Autonomie des Individuums identifiziert, sondern die Freiheit des einzelnen dann einschränkt, wenn es das Wohl der Gemeinschaft erfordert: »Kein Untertan darf sich über Einschränkungen seiner natürlichen Freiheit beschweren, noch viel weniger aber sich denselben widersetzen, wenn diese Einschränkungen nötig sind, um die allgemeine Ruhe, Sicherheit und Ordnung zu behaupten oder die für das Ganze so wohltätige Staatsverbindung selbst aufrechtzuerhalten.«[14] So wird die »Sicherheit« zur Vorbedingung der »Ruhe«, die »Ordnung« als Begriff der »Freiheit« zugeordnet.

Ernst Rieman-Georgi gab am 12. Januar 1919 in den ›Münchner Neuesten Nachrichten‹ ein »Berliner Stimmungsbild« von einem Tag während des Spartakisten-Aufstandes:

> Am Kaiserhof höre ich einige Schüsse fallen. Meinen »freien Bürgerwillen« aber, den Wilhelmplatz zu überqueren, muß ich sehr bald

aufgeben. Die Linie der Regierungstruppen schneidet die schwarzen Massen segmentarisch ab. Die alten, mir wohlvertrauten Stahlhelme aus Flanderns Schützen- und Wassergräben grüßen mich. Das »preußische Gefühl« bricht sich Bahn: Sicherheit und Ordnung! Ruhe und Freiheit![15]

Dieses »Stimmungsbild« steht unter einer Wahlparole der ›Deutschen Volkspartei‹, die am Tage der Landtagswahlen im rechtsrheinischen Bayern mit dem Programm des bürgerlichen Liberalismus aus dem 19. Jahrhundert angetreten ist: »Heute ist der Wahltag! Es gilt Ordnung und Freiheit!« In Wahlwerbung und »Stimmungsbild« sind die Termini der friderizianischen Staatsgesinnung zu Schlag- und Reizworten erstarrt, die im veränderten Zeitkontext eine neue Bedeutung angenommen haben und – als Zitat – nur noch von ferne Reminiszenzen an das Zeitalter der Aufklärung erwecken, dessen Definition des freien Bürgers durch diese Begriffspaarung geprägt ist, dessen Tradition sich die DVP, die ehemalige Partei der Nationalliberalen, verpflichtet fühlt. Was Ernst Rieman-Georgi als »preußisches Gefühl« bezeichnet, das in ihm der Anblick von Soldaten des ehemaligen kaiserlichen Heeres in Berlin erweckt, ist Zitat aus Goethes ›Egmont‹.

Am Ende der Expositionsszene des »Ersten Aufzugs« schlichtet Buyck, »Soldat unter Egmont« den Streit der Bürger:

BUYCK. Friede, ihr Herren! Muß der Soldat Friede rufen? – Nun da ihr von uns nichts hören wollt, nun bringt auch eure Gesundheit aus, eine bürgerliche Gesundheit.
JETTER. Dazu sind wir bereit! Sicherheit und Ruhe!
SOEST. Ordnung und Freiheit!
BUYCK. Brav! das sind auch wir zufrieden.
(Sie stoßen an und wiederholen fröhlich die Worte, doch so, daß jeder ein anders ausruft und es eine Art Kanon wird. Der Alte horcht und fällt endlich auch mit ein.)
ALLE. Sicherheit und Ruhe! Ordnung und Freiheit![16]

Goethe zeichnet nicht nur ein Bild der bürgerlichen Ordnung zur Zeit Egmonts, die von Albas Tyrannei zerstört wird, »sondern das Bild einer bürgerlichen Ordnung überhaupt«[17], wie es der Entstehungszeit des Dramas, den letzten Jahren der Regierung Friedrichs des Großen entspricht. Seit 1775 arbeitete Goethe am ›Egmont‹, 1787 wurde das Drama vollendet, 1791 wurde es erstmals in Weimar aufgeführt. Jetter, der Brüsseler Schneider, bringt die »bürgerliche Gesundheit« aus, den Wunsch für »Ruhe und Sicherheit« aller Bürger des Staates, doch erst dem Wunsch des Brüsseler Krämers Soest stimmt auch Egmonts Gefolgsmann zu und aus den melodisch zum Kanon sich vereinenden Stimmen der Bürger, des Soldaten und des tauben Invaliden wird die Zueinanderordnung der Begriffe plastisch, wird die ideale Staatsgesinnung in der harmonischen Verbindung menschlich-bürgerlicher Grundwerte verdeutlicht.

›Dichtung und Wahrheit‹

Die »bürgerliche Ruhe und Sicherheit« ist für Goethe auch in der Retrospektive das Kennzeichen der Zeit seiner Jugend, wobei der Begriff des Bürgers und der Bürgerlichkeit von den später dominierenden Tönen einer Klassen-Differenzierung weitgehend frei ist. Es läßt sich nämlich, schreibt Moses Mendelssohn 1784, die »Bestimmung des Menschen eintheilen, in 1) Bestimmung des Menschen als *Mensch*, und 2) Bestimmung des Menschen als *Bürger* betrachtet«[18]; das heißt: in der Zeit von Goethes Jugend, die Kant zwar nicht ein »aufgeklärtes« Zeitalter genannt, wohl aber als »das Zeitalter der Aufklärung, oder das Jahrhundert *Friederichs*« bezeichnet hat[19], meint »Bürger« – im Unterschied zur natürlichen Gleichheit des Menschen – die nach Ständen und Berufen differenzierte Existenz des Menschen im Staat, der Begriff meint den Menschen als ein ζῷον πολιτικόν, ein zur Gemeinschaft fähiges und auf sie hin angelegtes Wesen.

Für Goethe ist »bürgerliche Ruhe und Sicherheit« fast synonym mit der Zeit seiner Jugend, der Zeit Friedrichs des Großen, die erst in den Napoleonischen Kriegen sichtbar unterging. Als er sich in ›Dichtung und Wahrheit‹ 1811 seiner Vaterstadt erinnerte, gebrauchte er die zur Formel gewordenen Begriffe friderizianischer Staatsgesinnung nicht ohne Kritik:

> So wurde ich denn als ein junger Bewohner einer großen Stadt von einem Gegenstand zum andern hin und wider geworfen, und es fehlte mitten in der bürgerlichen Ruhe und Sicherheit nicht an gräß-

lichen Auftritten. Bald weckte ein näherer oder entfernter Brand uns aus unserm häuslichen Frieden, bald setzte ein entdecktes großes Verbrechen, dessen Untersuchung und Bestrafung die Stadt auf viele Wochen in Unruhe. Wir mußten Zeugen von verschiedenen Exekutionen sein, und es ist wohl wert zu gedenken, daß ich auch bei Verbrennung eines Buchs gegenwärtig gewesen bin.[20]

Ernst Beutler hat darauf hingewiesen, daß Goethe mit diesen Sätzen u. a. der Susanna Margaretha Brandtin gedenkt, jener Kindsmörderin, die am 14. Januar 1772 in Frankfurt »auf dem Platz an der Röhre ohnfern der Hauptwache mit dem Schwerdt hingerichtet« worden ist[21]. Das Schicksal der Kindsmörderin, das Goethe aus nächster Nähe miterlebt hat, scheint Vorbild für die Gretchen-Tragödie im ›Faust‹ geworden zu sein, das Schicksal des armen Mädchens, »die Todestragik ist in die Tragödie eingegangen, nicht die Gestalt«.[22] An der Verbrennung des Buches schilderte Goethe die Wirkung der öffentlichen Hinrichtung auf den Zuschauer und demonstrierte daran die Höhe des Preises, den die bürgerliche Gesellschaft für die Rechtssicherheit zu zahlen bereit war. Daß zur Ordnung des Staates auch die soziale Ordnung gehört, hat die soziale Dramatik des ›Sturm und Drang‹, aus der Goethes Gretchen-Tragödie erwachsen ist, deutlich als Kritik an der von »Ruhe und Sicherheit« geprägten Gesellschaftsordnung formuliert.

Philines Lied

In den Jahren, in denen Carl Gottlieb Svarez das ›Allgemeine Landrecht‹ in mehrfacher Überarbeitung als ein »Grundgesetz« der preußischen Staaten entwarf, schuf Goethe in der Philine seines Romanes ›Wilhelm Meisters Lehrjahre‹ eine Konfiguration des Rokoko. Dieser Frauengestalt, welche »gegenwärtige Sinnlichkeit« und »Leichtsinn« verkörpert, legte er ein Lied in den Mund, dem »Ruh' und Sicherheit« an exponierter Stelle eingefügt sind. Philines Preislied auf die Nacht ist von einer Antithetik bestimmt, durch welche die Zeitgenossen, in der Gegenüberstellung von »Mensch« und »Bürger«, von privater und öffentlicher »Glückseligkeit«, die Existenz des Menschen begründet sahen. Tag und Nacht, die Einsamkeit und die Geselligkeit, das Weib und der Mann, die Freude und das Leid, die Ruhe und die Tätigkeit, die Plage und die Lust bezeichnen jeweils eine Seite, die eine »Hälfte« des menschlichen Lebens. Nachdem die erste Strophe, die spiegelbildlich in der letzten, lehrhaften Strophe des Gedichtes wiederkehrt, das Thema exponiert hat, folgt den zwei »Tag«-Strophen in drei Vierzeilern das Lob der Nacht. Diese Strophen vier bis sechs vereinen sich mit der siebenten Strophe zu einem einzigen Satz; durch den anaphorischen Beginn, durch den Doppelpunkt am Ende der sechsten Strophe heben sie die siebente Strophe und in ihr die mit dem Rufzeichen endende letzte Verszeile besonders hervor.

Zur Mitternacht also, wenn »Tag« und »Nacht« sich die Waage halten, der alte Tag vollendet ist, der neue soeben beginnt, wenn Weib und Mann ganz eins sind, verspricht die Glocke mit »bedächt'gen Schlägen/Ruh' und Sicherheit«. In dieser letzten Verszeile der siebenten Strophe lösen sich die scheinbaren Antithesen des Gedichtes, denn »Ruh' und Sicherheit« umfaßt – im Bild der zur Mitternacht vereinten Liebenden – beide Seiten der menschlichen Existenz: die »menschliche« und die »bürgerliche«, die »Privatglückseligkeit« und die öffentliche Glückseligkeit, das tätige und das spekulative, das denkende und das fühlende Element der menschlichen Energie. Philines nur scheinbar leichtfertiges Lied, das – ganz dem didaktischen Stil der Zeit entsprechend – mit einer Belehrung, einer Moral endet, gibt sich als ein Lied des Bürgersinnes zu erkennen; Philine, für Wilhelm Meister »der Probierstein der Spießbürgerlichkeit«[23], lehrt, den ernsthaft-symbolischen Gehalt ihres Liedes in eine fast frivole Form gekleidet, Wilhelm Meister in einem weit tieferen Sinne, als man anzunehmen geneigt ist, sein Leben als »Bürger« und als »Mensch« zu verstehen.

Antiparole zur Französischen Revolution

Wer sich die Geschichte von »Ruhe und Sicherheit« vor und im 18. Jahrhundert vergegenwärtigt, wird den Enthusiasmus verstehen, mit dem die Zeitgenossen die Verkündigung des ›Allgemeinen Landrechtes für die Preußischen Staaten‹ aufgenommen haben. Man rühmte es »als die gesetzliche Verankerung von Freiheit und Recht des Einzelnen«[24] und sah in ihm die entscheidende ordnung- und freiheitstiftende Tat, welche revolutionäre Ereignisse, wie im Frankreich der neunziger Jahre des 18. Jahrhunderts, für Preußen unmöglich machte. »Diese Einstellung hat sich noch wesentlich verstärkt, als die Entwicklung in Frankreich immer radikalere Formen annahm und zugleich von dort aus durch Propaganda und politische Ansprüche die eigene Ruhe und Ordnung gestört wurden.« In dieser Zeit schon wurde »Ruhe und Sicherheit«, später abgelöst durch »Ruhe und Ordnung«, die deutsche Gegenparole gegen die »liberté, egalité, fraternité« der Französischen Revolution[25].

Freilich waren die politische Realität – auch des friderizianischen Preußen – und die Vorstellungen der Reformer, die in die Literatursprache eingegangen sind, weit voneinander geschieden. Die literatursprachlich faßbare Auslegung von »Ruhe und Sicherheit« zielt nicht auf einen existenten, sondern einen – auch durch das ›Landrecht‹ – erst noch zu schaffenden Rechtszustand in den deutschen Staaten. Es kommt hinzu, daß sich der Gedanke des »Staatsbürgertums« stärker in der Windstille der nord- und mitteldeutschen Staaten ausbreiten konnte, während Süd- und Westdeutschland unter den Revolutionskriegen zu leiden hatten »und sich dann vor allem in ihren katholischen Teilen durch Säkularisation und territoriale Umgestaltung betroffen sahen«[26]. Das erläuterte Verständnis von »Ruhe und Sicherheit« setzt einen »Gesellschaftsvertrag« voraus, wie er in der Realität nicht existierte. Die Übereinstimmung von Staat und Gesellschaft in einer »Staatsbürgergesellschaft«, die den preußischen Justizreformern vorschwebte, wurde nicht erreicht, die Divergenzen des geistigen und politischen Lebens haben vielmehr die Geschichte des 19. Jahrhunderts bestimmt. Durch die Verkündigung des ›Landrechtes‹ wurde der Kontrast zwischen der in ihm angelegten »Utopie« einer »Staatsbürgergesellschaft« und »der sozialen Wirklichkeit zunehmend sichtbar, ja geradezu provoziert«[27]. Die »soziale Bewegung«, die gegen Ende des 18. Jahrhunderts »die ständischen Grenzen zunehmend überstieg«, wurde den Zeitgenossen Goethes bewußt. »Es herrschte schon in den neunziger Jahren eine Spannung zwischen der Kodifikation – samt ihren Verheißungen – und der neuen bürgerlichen Gesellschaft, die, von den Setzungen gerade noch eingefaßt, sich ihnen schon zu entziehen begann. So modern das Landrecht war, so alt war es auch.«

Die Staatsutopie des Novalis

Novalis hat, im Jahre nach dem Regierungsantritt Friedrich Wilhelms III., in ›Glauben und Liebe oder Der König und die Königin‹ das poetische Bild der Staatsbürgergesellschaft gezeichnet und sich dabei – ganz konsequent – auch auf Goethes ›Wilhelm Meister‹ bezogen, dessen Natalie ihm »wie das zufällige Portrait« der preußischen Königin Luise vorkam[28].

Diese Gesellschaft wird durch die Übereinstimmung von »öffentlicher Meinung« und Staat definiert und in diesem Sinne wird, nach Novalis, jeder »ächte König <...> Republik, die ächte Republik König seyn«[29].

Die königliche Familie, der für die Zeitgenossen Friedrich Wilhelms III., vor allem im Kontrast zur Günstlingswirtschaft und zur Maitressenpolitik seines Vaters, ungewöhnliche Liebesbund zwischen dem Regenten und seiner Frau, wird zum Modell der Harmonie von Staat und Gesellschaft; die Liebe, die den Herrscher von Gottes Gnaden mit seiner Frau verbindet, ist Symbol der »öffentlichen Gesinnung«:

> Von der öffentlichen Gesinnung hängt das Betragen des Staats ab. Veredlung dieser Gesinnung ist die einzige Basis der ächten Staatsreform. Der König und die Königin können und müssen als solche das Prinzip der öffentlichen Gesinnung sein. Dort giebt es keine Monarchie mehr wo der König und die Intelligenz des Staats nicht mehr identisch sind. Daher war der König von Frankreich schon lange vor der Revolution dethronisirt, und so die meisten Fürsten Europas.[30]

Novalis hat, sehr zum Mißfallen des preußischen Königs, dem in Hardenbergs Aufsatz vergessen schien, daß auch der König »ein Mensch sei«, seine Vorstellung der Staats- und Gesellschaftsharmonie so weit gesteigert, daß er meinte, jener Hof, der soeben noch als das »Bordell von Potsdam« im Volke verrufen war, könne, »geleitet vom Geschmack der Königin«, in ein »irdisches Paradies« verwandelt werden[31]. Der König erscheint bei Svarez und Novalis zugleich als »Vater seiner Bürger«; das patriarchalische Verständnis der Monarchie, das der

Zeit geläufig war, aber hat Novalis im Bild der königlichen Familie symbolisch so verdichtet, daß die Diskrepanz zwischen der poetischen und der empirischen Realität den Lesern der ›Jahrbücher der Preußischen Monarchie‹, wo Novalis' Werk erschienen war, besonders schmerzlich bewußt werden mußte[32].

Heinrich von Kleist: ›Prinz Friedrich von Homburg‹

Im Bild des »Paradieses« hat wenig später (1809–1811) auch Heinrich von Kleist das ersehnte, mit dem Regierungsantritt Friedrich Wilhelms III. scheinbar so nahe gerückte harmonische Verhältnis des preußischen Bürgers zu seinem Staat gefaßt. Der Garten in der ersten und den beiden letzten Szenen des Schauspieles ›Prinz Friedrich von Homburg‹ weist auf das bei Kleist und den Autoren der deutschen Romantik so häufige Bild des »verlorenen« und »wieder gewonnenen« Paradieses hin. *Eines* der scharf akzentuierten Themen des Schauspiels ist jenes der Bürger-Utopie des preußischen Staates, in dem die »Sicherheit des Gefühls«, damit die Sicherheit des Individuums, und die Sicherheit des Staates in eins gesehen werden. Weit über die vordergründige Zeitproblematik der Insubordination hinaus, ist das Schauspiel Staats- und Figurendrama zugleich; die Ordnung des Herzens und die Ordnung des Staates sind im Näherungsprozeß des Kurfürsten und des Prinzen als die Grundpfeiler dessen, was nicht nur »in dem Lager, Vaterland sich nennt«[33], einander zugeordnet. Der im Krieg – und insofern weist auch die Todesfurcht-Szene über ihre Funktion für die individuelle Entwicklung des Helden hinaus – sein Leben für die Verteidigung dieser »Staatsbürgergesellschaft« eingesetzt hat, erwirbt sich das Recht, in die »Familie«[34] der Gesellschaft aufgenommen zu werden, denn er hat sich – im Angesicht des Todes – jene Sicherheit erworben, welche die »Regel« des Krieges nicht im Sinne mechanischer Subordination erfüllt, sondern im Dienste einer Gemeinschaft, die den Fürsten und seine Untertanen umfaßt:

> Vielmehr, was du, im Lager auferzogen,
> Unordnung nennst, die Tat, den Spruch der Richter,

In diesem Fall, willkürlich zu zerreißen,
Erscheint mir als die schönste Ordnung erst:
Das Kriegsgesetz, das weiß ich wohl, soll herrschen,
Jedoch die lieblichen Gefühle auch.[35]

Unter dem Begriff falscher und rechter »Sicherheit«, unter der Perspektive einer Entwicklung des Prinzen vom Überschwang des Gefühls zu der im Tode geläuterten Sicherheit des Gefühls, das den »Menschen« und den »Bürger« zusammenschließt, läßt sich ein altes dramaturgisches Problem des Schauspiels lösen:

Der Prinz von Homburg wird mit verbundenen Augen von Stranz – scheinbar – zum Tode geführt: »In der Ferne hört man Trommeln des Totenmarsches.« Die Levkojen und die Nelken, die Blumen des Lichtes und des Lebens, erscheinen dem Prinzen als Nachtviolen, als die Blumen des Todes:

DER PRINZ VON HOMBURG. Ach, wie die Nachtviole lieblich duftet!
– Spürst du es nicht?
STRANZ. Es sind Levkojn und Nelken.
DER PRINZ VON HOMBURG. Levkojn? – Wie kommen die hierher?
STRANZ. Ich weiß nicht. –
Es scheint, ein Mädchen hat sie hier gepflanzt.
– Kann ich dir eine Nelke reichen?
DER PRINZ VON HOMBURG. Lieber! –
Ich will zu Hause sie in Wasser setzen.[36]

Vor allem im neunzehnten Jahrhundert »versuchte man sich vor der bestürzenden Irrationalität dieser Szene gelegentlich dadurch zu retten, daß man das ›zu Hause‹ ebenso unmißverständlich wie kitschig mit einer Geste gen Himmel begleiten ließ«[37]. In Wirklichkeit hat der Prinz nun jene innere Sicherheit gefunden, welche Leben verheißt, eine Sicherheit, die noch nicht in sein Bewußtsein eingegangen ist und doch in seinem Sprechen schon gegenwärtig ist. Dem alten romantischen Dreischritt vom verlorenen Paradies über die entseelte Gegenwart zum wiedergefundenen Paradies entsprechend, entwickelt sich das Schauspiel von der *falschen* Sicherheit des nur auf sich selbst vertrauenden Prinzen, über die Schrecknisse einer Bewußtwerdung des vom Tode bedrohten Lebens, zur neuen, geläuterten Sicherheit; und in der Konsequenz dieser dramatischen Entwicklung öffnet sich in der letzten Szene das Tor des Paradieses: »Der Kurfürst mit dem Lorbeerkranz, um welchen die goldne Kette geschlungen ist, Kurfürstin, Prinzessin Natalie, <. . .> usw. <. . .> erscheinen auf der Rampe des Schlosses.«[38] So also interpretierte – etwas überspitzt ausgedrückt – Heinrich von Kleist das Versprechen von »Ruhe und Sicherheit«; daß seinem Versöhnungsfest des »Menschen« mit dem »Bürger« etwas Märchenhaftes anhaftet, daß es – freilich in anderem Sinn als Bertolt Brecht meinte, der dieses Wort geprägt hat – ein Traum »in preußischblauer Nacht« gewesen ist[39], war ihm selbst bewußt; des Aufführungsverbotes, das im Preußen Friedrich Wilhelms III. über das Stück verhängt wurde, hätte es nicht bedurft, um dies auch den Zeitgenossen Kleists deutlich zu machen.

»Ruhe ist die erste Bürgerpflicht«

Inzwischen nämlich war – fast unmerklich – an die Stelle der reformerischen Parole von »Ruhe und Sicherheit« der Ordnungsbefehl getreten. »Ruhe und Ordnung«, die aus dem Gesetzestext des § 10 II 17 ALR zu abstrahierende Formel, begann sich gegenüber den politischen Bewegungen der Zeit – zunächst vor allem in den süddeutschen Ländern – zum Schlagwort zu verfestigen. Während das Begriffspaar bei Carl Gottlieb Svarez stets nur als Pendant zu »Ruhe und Sicherheit« auftritt und so das Staatsbewußtsein des Reformers, das notwendige Gleichgewicht von Gerechtigkeit und Sicherheit des Rechtes in der Rechtsidee bezeichnet, ist »Ruhe und Ordnung« schon 1786, in einem der frühesten Belege, gegen Lärm und Aufruhr, schließlich gegen das Europa überziehende Gespenst der Revolution gerichtet.

1786 bittet der Hamburger Theaterdirektor Friedrich Ludwig Schröder in einer »Ankündigung« die Abonnenten »aufs dringlichste, ihren Bedienten Ruhe und Ordnung im Schauspielhause zu empfehlen«[40], wenige Jahrzehnte später – während der Napoleonischen Kriege und nochmals anschwellend in der Zeit der Restauration – findet sich in den süddeutschen Staaten eine Inflation der Ordnungsparole. Es scheint, als habe auch in der antirevolutionären Sinngebung des § 10 II 17 ALR ein Keim für das Übergleiten des Rechtstextes in die Sprache der Politik gelegen, wo dann ein häufiger, undifferenzierter

Gebrauch die Verfestigung des Begriffspaares zum Schlag- und Reizwort begünstigt.

Für das von den Rechtsreformern und der Literatur geschärfte Bewußtsein des preußischen Bürgertums war der Aufruf, den der Stadtkommandant von Berlin, nach der Schlacht bei Jena und Auerstedt, erließ, ein Schlag ins Gesicht:

> Der König hat eine Bataille verloren. Jetzt ist Ruhe die erste Bürgerpflicht. Ich fordere die Einwohner Berlins dazu auf. Der König und seine Brüder leben! Berlin, den 17. Oktober 1806.
>
> Graf v. d. Schulenburg[41]

In diesem sprichwörtlich gewordenen und in die politischen Satiren eingegangenen Aufruf[42] sahen die Zeitgenossen den Ausdruck des moralischen Zusammenbruches des preußischen Staates, der nicht nur dem militärischen folgte, sondern diesen bedingte. So hat Willibald Alexis in seinem »vaterländischen Roman« ›Ruhe ist die erste Bürgerpflicht‹ (1852) auch das Proklama des Fürsten von Hatzfeld verstanden, der von seinem Schwiegervater, dem Grafen von der Schulenburg, nach dem Abzug der preußischen Truppen aus Berlin, mit der »Leitung der öffentlichen Angelegenheiten daselbst« betraut worden war. Aus dieser Proklamation des preußischen Generalleutnants spricht der Geist der Kapitulation vor dem *»Überwinder«*, welcher *»nur ruhige männliche Hingebung im Unglücke«* ehre, aber auch der Geist einer Administration, welche die Niederlage gegen Napoleon und die Besetzung des Landes – einschließlich seiner Hauptstadt – durch französische Truppen nur für eine Angelegenheit des Königs hält, dem die Untertanen in Sieg und Niederlage, in Glück und Unglück zu gehorchen haben:

> Ich ermahne Jeden (denn – hoffentlich werde ich es nicht nöthig haben zu befehlen) –– ruhig bei seinem Gewerbe zu bleiben, und *alle Sorgen Denjenigen* zu überlassen, *welche sich rastlos mit seinem Wohl beschäftigen werden.*[43]

In solchen Formulierungen ist – auch im »aufgeklärten« Preußen – das Staatsverständnis der Bürokratie vernehmbar, das sich im Süden Deutschlands dann besonders gegenüber der – von den Romantikern bewunderten – Tiroler Volksbewegung in der synonymen Verwendung von »Ruhe und Ordnung« und »Ruhe und Gehorsam« artikulierte.

Im Dezember 1813 findet sich, in einem längeren Bericht des bayerischen Generalkommissärs Lerchenfeld über den bewaffneten Aufstand der Tiroler gegen die bayerische Herrschaft, »Ruhe und Ordnung« in der Häufung einer Beschwörungsformel verwendet:

> Ich sagte den Insurgenten, wie sie von der Tyrolischen Nation sprechen koennten, da doch das Ober- und Unterinnthal, und ganz Vintschgau ruhig und gehorsam sey. <...> Ich sprach ihnen nun nachdrücklich zu, sich zu unterwerfen, und zur Ruhe und Ordnung schleunig zurükzukehren. <... Ich> hielt <...> ihnen meine Proklamation vor, worinn ich die Verirrten, die sogleich zur Ruhe und Ordnung zurükkehren, der Gnade Eurer Koeniglichen Majestaet zu empfehlen versprach. Als sie nun zu wanken anfiengen, und versprachen, dazu beyzutragen Ruhe und Ordnung herzustellen, so gab ich auch der Bitte der hiesigen Bürger Gehoer, <...> und da auch der bekannte Georg Eller von Hoetting, der hiebey vorzüglich das Wort führte, sich endlich besänftigen liess, und mir noch besonders Ruhe und Gehorsam angelobte, so gewannen die Vorstellungen des Bürgers Carnelli <...> immer mehr Eingang; <...>[44] –

»Ruhe und Ordnung« als Leitwort der Politik Metternichs

Als im Zeitalter der Restauration Fürst Metternich zum führenden Staatsmann in Europa aufstieg, breitete sich die seine Politik kennzeichnende Ordnungsparole nicht nur über alle deutschen Staaten, sondern auch über die Länder Europas aus. Nun führt sie nicht mehr ein Schattendasein in Gesandtschaftsberichten, Theaterankündigungen und mehr oder weniger internen Diskussionen der Reformparteien, nun wird sie zum Kennwort eines politischen Willens, der sich die Erhaltung der »Ruhe der Welt« und damit die Erhaltung jenes Staatensystems zum Ziel gesetzt hatte, wie es sich nach den Napoleonischen Kriegen herausgebildet hat. An Zustimmung und Ablehnung der Ordnungsparole scheiden sich von nun an Restauration und Revolution, oder, mit Joseph Görres, »Conservation und Destruction«[45]. In der Entwicklung der kontextgebundenen Bedeutungen von »Ruhe und Ordnung« spiegelt sich Aufstieg und Verfall des von den Zeitgenossen so genannten »Systems Metternich«.

1819 sollten die bekannten ›Karlsbader Beschlüsse‹ revolutionäre Bewegungen im Keim ersticken; den Beschlüssen ist zu entnehmen, daß es vor allem die ideologische Einheit des Staates ist, der Metternichs Ordnungsverlangen gilt. So entscheidet – unter Österreichs Einfluß – der Deutsche Bundestag, bei der Sanktionierung der ›Karlsbader Beschlüsse‹ am 20. September 1819, daß von den Universitäten und den sonstigen Lehranstalten jene Lehrer zu entfernen seien, »die durch erweisliche Abweichung von ihrer Pflicht oder Überschreitung der Grenzen ihres Berufs, durch Mißbrauch ihres rechtmäßigen Einflusses auf die Gemüter der Jugend, durch Verbreitung verderblicher, der öffentlichen Ordnung und Ruhe feindseliger oder die Grundlagen der bestehenden Staatseinrichtungen untergrabender Lehren, ihre Unfähigkeit zur Verwaltung des ihnen anvertrauten wichtigen Amtes unverkennbar an den Tag gelegt haben, <...>«[46]. »Ruhe« und »Ordnung« als Leitworte einer gegen revolutionäre Geheimverbindungen gerichteten Politik kehren dann in den ›Wiener Schlußakten‹ vom 15. Mai 1820 wieder, sie erscheinen in der Präambel des 1843 durch Indiskretion bekannt gewordenen Schlußprotokolls der Wiener Minister-Konferenz vom 12. Juni 1834, dessen Artikel 3 bis 14 als Bundesgesetz verkündet worden sind. Diese Beschlüsse verdichteten das zunächst nur als Maxime des gemeinsamen politischen Handelns der deutschen Staaten aufgestellte Ordnungsideal zu einem feinmaschigen Netz antirevolutionärer Ordnungsmaßnahmen, da sich die »souveränen Fürsten und freien Städte Deutschlands« verantwortlich fühlten für die Erhaltung des »in Deutschland bestehenden Rechtszustandes«, der garantiert wird, durch die »Sicherung der landesherrlichen Autorität und der öffentlichen Ordnung und Ruhe in den einzelnen Bundesstaaten«[47]. Die seit den ›Karlsbader Beschlüssen‹ sichtbar zu verfolgende Ordnungspolitik im Geiste der Restauration hatte hier ihren Gipfel erreicht, wenn es auch Metternich nicht mehr gelungen ist, die Anwendung dieser Beschlüsse »überall gleichmäßig durchzusetzen«[48].

Aus einer in der ersten Hälfte des 19. Jahrhunderts diskutierten Urkunde Metternichscher Ordnungspolitik wird erkennbar, daß der Initiator dieser Politik von einem Ordnungsbegriff ausging, der, universal begründet, die innere Übereinstimmung des Volkes mit den bestehenden Legitimitäten zu erhalten suchte und, oftmals abhängig von den wuchernden

Verschwörungstheorien, die »Einigkeit«, den »Zusammenhang des Ganzen« zu konservieren meinte. Die »Einigkeit« von Untertanen und Regierung, damit die Sicherung des Staates, schien weit in das 19. Jahrhundert hinein – noch in der Zeit des Wilhelminismus – durch das einende Band des Glaubens, durch die Religion gewährleistet.

Konfessionshader rührte an die Grundfesten des Staates, die Erhaltung konfessionell geschlossener Bevölkerungsgebiete war eine der Grundregeln der Politik. Kaiser Ferdinand I. von Österreich hat, im Vollzug dieser Grundregel, 1837 aus dem Zillertal die sogenannten Inklinanten, das heißt die dem Protestantismus zuneigenden Bewohner des Tales, aus seinem Lande ausgewiesen. Er forderte in einem Dekret vom 12. Januar 1837 die »Sectirer« definitiv auf, innerhalb von 14 Tagen ihre Religionszugehörigkeit bestimmt zu erklären:

> Diejenigen, welche bis dahin keine Erklärung abgeben, sind als Glieder der kathol. Kirche anzusehen, und als pflichtig zu allem dem, was die Vorschriften dieser Kirche fordern, zu behandeln. Diejenigen, welche ihren Entschluß zum Austritte aus der kathol. Kirche erklären, haben Tirol zu verlassen, und entweder auszuwandern, oder ihr Domicil in anderen Provinzen meines Staates an solchen Orten zu nehmen, wo es akathol. Gemeinden desjenigen Religionsbekenntnisses gibt, zu welchem sie sich bestimmt erklären.[49]

Die Ausweisung der Zillertaler Inklinanten, die zwischen ihrem Glauben und ihrer Heimat zu wählen hatten, die schließlich im preußischen Schlesien eine neue Heimat fanden, wurde damit begründet, daß »die Stände von Tyrol« gebeten hätten, »um der Erhaltung der Ruhe, Einigkeit und Ordnung im Lande Willen das Entstehen einer akathol. Gemeinde nicht zuzugeben«.

Neu ist weder die Begründung der Ausweisung, noch die Maßnahme selbst, überraschend aber war sie als eine Maßnahme der Ordnungspolitik, die alle Kontakte mit den »Sectirern« im Zillertal als Teil einer Verschwörung ansah und ahndete.

In Preußen suchte ja schon das Wöllnersche Religionsedikt 1788, durch die Reglementierung der Verkündigung christlicher Botschaft die Ruhe des Staates zu erhalten. Der preußische Finanzminister Struensee soll diese Politik mit den Worten verteidigt haben:

> Die Erfahrung hat gelehrt, daß bei dem gewöhnlichen Lehrbegriff der Lutheraner der Staat in Ruhe und Ordnung geblieben und das Volk durch die in diesem Lehrbegriff enthaltenen Motive in guten Sitten erhalten ist. Man weiß aus der Erfahrung, daß der Übergang von der heidnischen Religion zur christlichen, von der päpstlichen zur lutherischen, gefahrvolle Krisen im Staate veranlaßt hat. Diese will man vermeiden, und aus dieser Rücksicht befiehlt der Staatsmann dem öffentlichen Lehrer der Theologie, keine andere Theorie öffentlich zu lehren, als die aus der die bisher brauchbar befundenen Motive entlehnt sind.[50]

Die Problematik der lutherischen Exegese von Röm. 13, 1, die im Verlauf christlich-lutherischer Geschichte mehrfach aktuell geworden ist, läßt sich demnach auch an der Geschichte der Ordnungsformel erörtern[51]. –

Unabhängig davon, ob und wie Metternich in den Jahren 1843 und 1844 Einfluß auf die berühmt gewordene Millionenwallfahrt zum Heiligen Rock nach Trier genommen hat – es konnte ihm in der Zeit seiner inneren Annäherung an die Katholische Bewegung durchaus an einer Irritation des preußischen Rivalen durch eine konservative Massenbewegung gelegen sein –, im öffentlichen und veröffentlichten Gespräch der Trierer Initiatoren dieser Wallfahrt mit den weltlichen Behörden deklariert sich die katholische Kirche, vom protestantischen Preußen vor allem in den unruhigen, neu gewonnenen Rheinprovinzen noch immer mit Argwohn betrachtet, als eine staatserhaltende, antirevolutionäre Kraft, die sich gleichwohl einer Massenbasis sicher ist. Die Massenbewegung, eingebunden in den ordnenden Willen der Kirche: das ist u. a. Sinn und Ziel der vom Trierer Bischof Arnoldi angeordneten Wallfahrt zur Ausstellung des Heiligen Rockes. »Ruhe und Ordnung«, so hat es Wolfgang Schieder dargestellt, war »die politische Signalmetapher, die geradezu stereotyp sowohl in den kirchlichen wie in den staatlichen Stellungnahmen zur Trierer Wallfahrt auftauchte«[52].

Wenn Arnoldi bei der Ankündigung seiner Wallfahrtspläne am 19. April 1844 dem Oberpräsidenten der preußischen Rheinprovinz mitteilte, daß die »religiöse Stimmung, welche in den Wallfahrten herrscht, <. . .> die sicherste Bürgschaft gegen alle Unordnung« sei[53], so weist diese Versicherung über den aktuellen Anlaß hinaus auf die Kirche als eine konservative Macht, die, im Einklang mit dem »Volkskonservativismus«, sich als der natürliche Bündnispartner der Ordnungspolitik empfiehlt. »Der preußische Restaurationsstaat war der ›Staat als Ordnung‹ (E. R. Huber), ›Ordnung‹ war damit geradezu das höchste Staatsprinzip, die Polizei das Mittel zu seiner Erfüllung.«[54]

Der universale Ordnungsbegriff

Daß die Ordnungspolitik Metternichs, und ihre Auswirkungen vor allem auf theologischem und kirchlichem Gebiet, nicht isolierte Phänomene sind, sondern daß sie in einem universalen Ordnungsdenken wurzelt, das die wohl stärkste ideologische Komponente im »Zeitalter Metternichs« gewesen ist, hat Friedrich Sengle in seiner Darstellung der ›Biedermeierzeit‹ nachgewiesen. Selbst für die revolutionären Strömungen der Zeit scheint es ihm charakteristisch, »daß das Bestehen oder die Möglichkeit einer universalen Ordnung vorausgesetzt wird«; die hier gemeinte »Ordnung« aber ist offensichtlich »ein von der Theologie geschaffener Begriff«, die Verwurzelung der Zeit in einem universalen – disparate politische Strömungen vereinenden – Ordnungsdenken ist darauf zurückzuführen, daß »das theologische Denken auch in den Säkularisationen und Negationen des Christentums, die zu dieser Zeit schon in den mannigfachsten Gestalten erscheinen, strukturbildend bleibt«[55].

Metternich hat – auch nach dem scheinbaren Scheitern seiner Ordnungspolitik in der bürgerlichen Revolution des Jahres 1848 – an seinem Ordnungsbegriff festgehalten. Er hat den Kontrast, den die nationale und die liberale Bewegung der Zeit zwischen »Ordnung« und »Freiheit«, das heißt: zwischen Staat und bürgerlicher Gesellschaft gesehen hat, nicht akzeptiert, weil »Ordnung« für ihn lediglich Leitbegriff innerhalb eines

Wertekanons war, der die Existenz des einzelnen Menschen wie die der Völker bestimmte. »Ordnung« und »Ruhe« verhalten sich für Metternich zueinander wie Ursache und Wirkung, so daß die formelhafte Verbindung erklärt und die Voranstellung von »Ordnung« (zum Beispiel innerhalb der ›Karlsbader Beschlüsse‹) deutbar wird. »Recht« und »Gerechtigkeit« sind für Metternich Nachbarbegriffe der »Ordnung«; die Freiheit, »die wahre erwärmende belebende«, wurzelt für ihn »auf der Grundlage des Rechtes«[56]. In diesem Wertesystem wurde der »Ordnungsbegriff« erst hart und starr, als er, wie es vor allem im Vormärz geschah, allzu selbstverständlich mit den »bestehenden Staatseinrichtungen« identifiziert wurde, als Leitbegriff eines Wertesystems somit das Gesamtsystem in Frage stellte.

Die Antithese: »Aufruhr« und »Ordnung«

Die französische Julirevolution des Jahres 1830 und die von ihr in Europa ausgelösten revolutionären Bewegungen wirkten wie ein Schock auf die Zeitgenossen. Die »endlose Revolution«, wie Joseph von Eichendorff sie nannte[57], die »›révolution toujours la même‹, die nach immer neuen Metamorphosen, unter stets neuen und entgegengesetzten Gestalten in jeder Form, die sie annimmt, gleichmäßig den Trieb entwickelt, sich die Welt eigen zu machen«[58], erschien schreckhaft im Bewußtsein der Europäer. Daß die Revolution nicht nur ein punktuelles politisches – daher erklärbares und vermeidbares – Faktum sei, sondern daß sie das »pathologische Prinzip der Gesellschaft schlechthin bilde«, das mit dem Messer des Chirurgen aus dem Organismus der Völker geschnitten werden müsse[59], diese Vorstellung griff vor allem in den Jahren nach 1830 Raum. Jetzt wurde die Ordnungsparole als Waffe der Konterrevolution geschmiedet, und es konnte nicht ausbleiben, daß sich der Ordnungsbegriff vereinzelte, isolierte, im täglichen Gebrauch abnutzte und in der Übersteigerung zerfiel.

Nach 1830 endete in Bayern die liberale Reformperiode der Regierung König Ludwigs I., im Zeichen von »Ruhe und Ordnung« wurde die »konservative Periode«[60] eingeleitet.

Nicht die nationalstaatliche Bewegung garantiere das Glück der Völker, meinte der bayerische Innenminister Eduard von

Schenk (1832), sondern der edle und reine Wille eines »mit so herrlichen Geistesgaben« gesegneten Königs, der allein in der Lage sein werde, das elementare »*Bedürfnis* der Ordnung und Ruhe nach langem blutigen Kampfe« zu erfüllen.[61] Dieser das restaurative Staatsdenken dokumentierende Satz ist, sinngemäß variiert und abgewandelt, hundertfach in den Dokumenten und Journalen der dreißiger Jahre zu lesen, da der Gegensatz zwischen der nationalstaatlichen Bewegung und der restaurativen Ordnungspolitik einfachhin auf die Formel: »politische Umtriebe« gegen »Ruhe und Ordnung« gebracht wurde. Recht und Gesetz, erklärte König Ludwig I. im Jahre 1832, müßten auf der Seite von Ordnung und Ruhe, das heißt auf der Seite der legitimen Herrschaft sein; so beklagte er sich am 27. September 1832 über die Nachgiebigkeit seiner Gerichte:

> »Die Rechtspflege im Rheinkreise vorzüglich bey dem Appellationsgericht in Zweibrücken scheint noch immer mehr zum Schutze der politischen Umtriebe als der Ordnung und Ruhe zu wirken. <. . .> Auf wessen Seite ist hier Recht und Gesetz? Mir scheint, auch hier wolle man nur der Gunst des, wie der Artikel sagt, gereizten und zusammengelaufenen Volkes dienen.«[62]

Stereotyp erscheint nunmehr der »Weltgegensatz zwischen Restauration und Revolution«[63] in der Antithese von Aufruhr und Ordnung.

Als die russische Armee 1831 den nationalpolnischen Aufstand blutig niederschlug, antwortete der französische Außenminister Graf Sébastiani in der Deputiertenkammer auf eine Frage nach der Lage in Warschau: »<. . .> Au moment ou l'on écrivait, *la tranquillité régnait à Varsovie«*, der ›Moniteur universel‹ berichtete über die Kämpfe: »<. . .> L'ordre et la tranquillité sont entièrement rétablis dans la capitale«, und die Zeitschrift ›La Caricature‹ unterschrieb die Zeichnung eines von Leichen umgebenen russischen Soldaten mit dem sprichwörtlich gewordenen Satz: »L' ordre règne à Varsovie.«[64] Dieser Satz ging in das satirische Vokabular der Revolution ein und noch Rosa Luxemburg hat ihn in ihrem letzten Aufsatz in der ›Roten Fahne‹ vom 14. Januar 1919 zitiert:

> »Ordnung herrscht in Warschau!« – »Ordnung herrscht in Paris!« – »Ordnung herrscht in Berlin!« So laufen die Meldungen der Hüter der »Ordnung« jedes halbe Jahrhundert von einem Zentrum des

weltgeschichtlichen Kampfes zum andern. Und die frohlockenden »Sieger« merken nicht, daß eine »Ordnung«, die periodisch durch blutige Metzeleien aufrechterhalten werden muß, unaufhaltsam ihrem historischen Geschick, ihrem Untergang entgegengeht.[65]

Die revolutionäre Tradition also, in die Rosa Luxemburg den Spartakistenaufstand im Januar 1919 in Berlin stellte, reicht über die Commune de Paris zurück in die liberale Freiheitsbewegung des frühen neunzehnten Jahrhunderts. –

Romantische Subjektivierungen

Die ersten, nachweisbaren französischen Übersetzungen der Metternichschen Ordnungsparole gehören noch in die zwanziger Jahre und haben sich auch dann erhalten, als Metternich – nach 1830 – seinen Einfluß als der führende Politiker Europas verlor. 1820 schon heißt es in einem Erlaß des Pariser Polizeipräfekten zur Überwachung der »Goguettes« genannten Pariser Sängergesellschaften:

> Des lieux consacrés au public uniquement pour la consommation qu'il vient y faire sont transformés en véritables clubs où se manifeste hautement l'esprit le plus contraire à l'ordre et à la tranquillité <...>[66]

Es sind dies die Jahre, in denen die Romantiker durch Subjektivierung des Ordnungsdenkens der Isolation der Ordnungsparole vorgearbeitet haben. Die »Sicherheit und Ruhe«, so meinte z. B. E. T. A. Hoffmann in satirischer Absicht, sei »dem wahren Genie angeboren«[67]; Clemens Brentano, ruhelos umhergetriebenes Paradigma romantischer Existenz, suchte im westfälischen Dülmen, bei der Aufzeichnung der Privatoffenbarungen einer stigmatisierten Nonne seinem Leben Halt zu geben; er betete »um Ruhe und Ordnung, und gedeihen des Zweks des Zusammenlebens«[68]; und selbst Joseph von Eichendorff, der späteste und daher für manche der untypischste aller Romantiker, verwendete die Formel friderizianischen Bürgersinnes 1823 zur Kennzeichnung des Philisters, dem der ferne Krieg, »hinten, weit in der Türkei«[69], das häusliche Behagen erhöht. Dabei ist es für die zunehmende Denunzierung des Sicherheitsdenkens charakteristisch, daß Eichendorff, der hier das Bürgergespräch aus Goethes ›Faust‹ parodiert, im Gegensatz zu seiner Vorlage, nicht nur die Revolution mit einbezieht, sondern auch die Ordnungsposition mit jenen von Goethe noch positiv interpretierten Begriffen der »Ruhe« und der »Sicherheit« als philiströses Securitätsdenken ironisch abwertet:

»Ich lese erstaunlich gern so was von neuen Erfindungen, Revolutionen, neuen Entdeckungen und Scharmützeln, wo es recht drunter und drüber geht, man fühlt sich dann immer noch eins so wohl, daß man, Gott sei Dank, so ruhig und sicher daheim sitzen kann.«[70]

Goethe: ›Belagerung von Mainz‹

Für Goethe sind in diesen zwanziger Jahren die modischen Revolutionarismen die größere Gefahr als die der »Phrase« sich bedienenden, staatserhaltenden Kräfte. Sein im Zusammenhang des Berichtes ohne nähere Erklärung verständliches Wort: »es liegt nun einmal in meiner Natur, ich will lieber eine Ungerechtigkeit begehen als Unordnung ertragen«,[71] muß und will bei einer über seine textimmanente Funktion hinausgehenden Auslegung genau gelesen werden. Goethe wahrte, wie es heißt, durch rasches, couragiertes Handeln die »Sicherheit und Heiligkeit« des Platzes vor des Großherzogs Quartier. Der Text weist durch die Verwendung des sinnbeschwerten Terminus und die Zueinanderordnung von »Sicherheit«, »Heiligkeit«, »Gerechtigkeit« und »Ordnung« auf den Zusammenhang eines Ordnungsgefüges, das für Goethe den Staat konstituiert. Die Legitimität des Herrschers bleibt unbestritten (»Heiligkeit«), unbestritten auch der durch das ›Allgemeine Landrecht‹ definierte Zweck des Staates, »für die Sicherheit seiner Unterthanen, in Ansehung ihrer Personen, ihrer Ehre, ihrer Rechte, und ihres Vermögens, zu sorgen«[72]; für die Erhaltung des Zustandes bürgerlicher Ordnung aber ist auch eine Ungerechtigkeit in Kauf zu nehmen.

1849 hat Adalbert Stifter diesen, an Goethe geschulten Rechtsstandpunkt bekräftigt, selbst ein ungerechtes Gesetz zu erfüllen, um die »Würde und Majestät des Staates unverletzt« zu erhalten, »weil darin allein die Sicherheit aller« liege[73]. *Eine* Ungerechtigkeit möchte Goethe lieber begehen, und dieses »eine« ist semantisch zwischen dem Zahlwort und dem unbestimmten Artikel angesiedelt, denn es bezeichnet das punktuell geschehende Unrecht, welches das größere Übel, den Zustand der Unordnung, vermeiden hilft. Ungerechtigkeiten *werden* von einzelnen *begangen* und sind deshalb auch leichter zu korrigieren, als die Auflösung der bürgerlichen Ordnung, unter deren Folgen *alle* zu *leiden* hätten.

Dies also besagt der bekannte Goethetext über alle immanenten Textbezüge hinaus: daß eine einzelne Ungerechtigkeit die Rechtsidee nicht aus ihrem Gleichgewicht zu bringen vermag, daß aber die Auflösung jener »Ordnung«, die für Goethe durch »Ruh' und Sicherheit« definiert und damit vom dynamischen Reformgedanken der Justizaufklärung getragen ist, Anarchie und Ungerechtigkeit für alle bringen wird. Seine Warnung aus der ›Campagne in Frankreich‹ gilt also den Zeitgenossen im Jahrzehnt vor der Julirevolution:

> Was mir aber noch mehr auffiel, war, daß ein gewisser Freiheitssinn, ein Streben nach Demokratie sich in die hohen Stände verbreitet hatte; man schien nicht zu fühlen, was alles erst zu verlieren sei, um zu irgend einer Art zweideutigen Gewinnes zu gelangen.[74] –

Parole im Klassenkampf

In den Jahren der Revolution 1848/49 hat der Prozeß einer Verselbständigung der Ordnungsparole seinen Höhepunkt erreicht; der inflationäre Gebrauch denunziert »Ruhe und Ordnung« endgültig als ein Schlagwort der Reaktion, der Gegensatz von »Freiheit« und »Ordnung« bricht offen aus.

Die »Fanatiker der Ruhe«, die »um *jeden* Preis nur die Ruhe und die Ordnung« wollen[75], preisen die von den Kanonen erzwungene »Kirchhofsruhe«[76], jetzt erst wird der Aufruf des Kommandanten von der Schulenburg aus dem Jahre 1806 sprichwörtlich.

Erschreckt von der sich rasch radikalisierenden Revolution, stimmte das Bürgertum, das soeben noch in Revolutionsbegeisterung schwelgte, in den Ruf nach »Ruhe und Ordnung« mit ein, der kurz zuvor gegen es selbst gerichtet worden war. Gegen die proletarischen Hilfstruppen der Revolution gewendet, wird »Ruhe und Ordnung« zur Parole im Klassenkampf, es wird der gemeinsame Kampfruf der durch die Armeen repräsentierten alten Gewalten und der sich mit ihnen verbündenden »Bourgeoisie«. »Ruhe und Ordnung« ist nun – in einem viel engeren Sinne als im 18. Jahrhundert – eine »bürgerliche« Parole, ein mit der bewaffneten Ordnungsmacht verknüpftes Schlagwort, das sich zunehmend gegen die erstarkende Arbeiterbewegung richtet, das – in den Jahren der Reaktion und auch in den Jahren des Wilhelminismus – ganz im Sinne von Kurt Tucholskys Auslegung des Paragraphen 10 II 17 ALR den Polizeiknüppel, die Herrschaft der sich selbst mit dem Staat identifizierenden Bürokratie meint.

Der über Berlin verhängte Belagerungszustand, so belegt es am 11. Dezember 1848 Carl Lachmann in einem Brief an Wilhelm Wackernagel, wird nach den Stürmen der Revolution und den Barrikadenkämpfen als eine Zeit der »Ruhe und Ordnung« empfunden:

> Sehr viele gute Leute sind zwar entzückt über die Ruhe und Ordnung (die Bosheit des Berliner Witzes definiert den Belagerungszustand »grade so wie es beim alten König immer gewesen ist«): ich, der ich sonst doch ziemlich leichtes Blutes bin, kann nichts tröstliches erkennen.[77]

Die Ordnungsparole kann umso leichter die Mehrheit des Volkes auf ihre Seite ziehen, als in ihr das Versprechen zur Wiederkehr der nunmehr, nach der konkreten Revolutionserfahrung, verklärten Jahrzehnte des Metternichschen Zeitalters zu hören war. Wenn Willibald Alexis die Zeit Friedrich Wilhelms III. beschreibt und die Sehnsucht nach der »alten Ordnung, der heiligen Ruhe«[78] schildert, so spiegelt er seine Gegenwart in der Vergangenheit, übersetzt den von Lachmann überlieferten Berliner Witz in den Problemkontext seines Romans.

In der ›Neuen Rheinischen Zeitung‹ vom 16. Dezember 1848 persiflierte so auch Karl Marx das romantische Staatsideal des Novalis, um gleich darauf die Losung »Ruhe und Ordnung« als eine klassenkämpferische Parole zu kennzeichnen:

> Die Krone wird der Bourgeoisie den Adel, die Bourgeoisie wird der Krone das Volk opfern. Unter dieser Bedingung wird das Königtum bürgerlich und die Bourgeoisie königlich werden. <...> Es war klar. Die preußische Bourgeoisie hatte nur noch eine Aufgabe, die Aufgabe, sich ihre Herrschaft bequem zu machen, die störenden Anarchisten zu beseitigen, »Ruhe und Ordnung« wieder herzustellen und die Zinsen wieder einzubringen, die während des Märzsturms verlorengegangen waren.[79]

Die Ordnungssatire

Das von Marx behauptete Bündnis zwischen dem absolutistischen Staat und der bürgerlichen Revolution reicht über die im preußischen Ministerium Camphausen repräsentierten großbürgerlichen Schichten hinaus in das gesamte – in der Terminologie der Zeit – Philisterium genannte Bürgertum, das seine »Ruhe und Sicherheit« nunmehr auf die Bajonette und die Kartätschen der königstreuen Armeen gegründet sah:

> Eine beruhigende Erfindung sind doch diese Bajonette und diese Kartätschen. So etwas positiv Sicheres liegt schon im bloßen Wortlaut.[80]

An die Stelle der Idee eines »gleichgebildeten« Volkes tritt – so sieht es die Satire – eine gedankenlose Flucht in den Schutz der Armeen; die Idee der aus der gemeinsamen Nationalkultur entstehenden Einheit aller Deutschen ist tot, die Grazien werden durch die Namen preußischer und österreichischer Generäle ersetzt:

> Dank Dir, Du Heroentrias: Windischgrätz, Jellachich, Wrangel! Euere Namen klingen mir jetzt melodischer, als Aglaja, Thalia und Euphrosyne, so sehr ich mich auch rühmen kann, ein treuer Priester der Charitinnen gewesen zu sein![81] –

Clemens Brentano: ›Das bittere Leiden‹

Die inflationäre Entwicklung des revolutionären und des konterrevolutionären Vokabulars, die Wucherung der Ordnungs- und der Freiheitsparolen blieb auf die Literatur nicht ohne Einfluß. Auch außerhalb spezifisch politischer Fragestellungen, außerhalb der politischen Satire und der verbreiteten Journal- und Flugschriftenliteratur ist das Thema von Ordnung und Verwirrung durch die Autoren der Restaurationsliteratur als Sprachproblematik erlebt und dargestellt worden. Im Umsturz des Sprechens ist die Revolution des Denkens präfiguriert, die blutige Revolution in der Verwirrung der Sprache präsent.

Schon Clemens Brentanos als Erbauungsbuch mißverstandener Beitrag zur Restaurationsliteratur, die Darstellung des »bitteren Leidens unsers Herrn Jesu Christi« (1833), ist ein

Buch, in dem das Sprechen der Personen eine auffallend untergeordnete Rolle spielt. Die direkte Rede ist reduziert auf Zitat und Quasi-Zitat, das heißt auf das Zitat aus der Bibel und den Apokryphen und die Formelsprache der Ordnungspolitik aller Zeiten. Es ist, als wollte der Autor vermeiden, selbst jenen bösen Geistern zu verfallen, von denen die Visionärin, deren Bericht er – scheinbar getreu – aufzeichnet, sagt:

> Ich sehe dann eine unzählige Menge von Teufelsgestalten, jede ganz nach dem Laster, die sie bedeutet, geformt, in schrecklicher Thätigkeit unter der Menge; ich sehe sie laufen, hetzen, verwirren, in die Ohren flüstern, in den Mund fahren, <...>[82]

Die Formelsprache der Ordnungspolitik – das Buch gehört zu den wenigen literarischen Texten der Zeit, welche die Metternichsche Ordnungsformel wörtlich gehäuft zitieren – steht als die Sprache der Pharisäer und der Ordnung gebietenden Armee der Symbolsprache der Bibel gegenüber. So wird Jesus als Aufrührer von den Pharisäern beschimpft: »der Ruhestörer hat noch nicht genug, er führt noch lose Reden«, und diese Beschimpfung mit Jesu Weheruf über Jerusalem kontrastiert. Solche Kontraste, eingebettet in den visionären Bericht einer stigmatisierten Nonne, weisen nicht auf die Sprache von Individuen, sondern von Strömungen und Tendenzen der Zeit. Das Ordnungsvokabular, als die Sprache der Politik, widerstreitet dem Vokabular des Christentums; in der endlosen Wiederholung formelhafter Sprachelemente ist – auch jenseits romantischer Sprachproblematik – die Unfähigkeit der Politiker zur Erhaltung der Ordnung gestaltet, da ihr schematisiertes Denken, dem die lautsprecherartige Sprache entspricht, den – gleichsam metaphysischen – Grund der Unordnung, das Schwinden der christlichen Glaubenssubstanz, nicht erkennt.

Brentanos Versuch der Typisierung von Sprechern zur Kennzeichnung zutiefst gestörter Kommunikationsstrukturen seiner Zeit macht aber nicht nur den Gegensatz von Glaubenssprache und Sprache der Politik deutlich, sondern in der stark bildlichen Auslegung der Bibelsprache und andererseits der formelhaften Erstarrung der Sprache der Politik auch die Divergenz von Literatursprache und Standardsprache, die – in diesem Maße – für die friderizianische Epoche noch nicht existiert hatte. Goethes »Ruh' und Sicherheit« war mit der öffentlichen Diskussion der Reformer um die Zentralformel bürgerlicher Existenz im Zeitalter der Aufklärung kompatibel und des Kommentars durch die Schriften der Justizreformer sogar bedürftig; die frühromantischen Versuche zur »Poetisierung« des Politischen waren von den Politikern als esoterisch übersteigert zurückgewiesen worden; nun zeigte sich in der Lösung aller bisher erkennbaren Interferenzen, in der Spaltung der Bedeutungsentwicklungen, der einsinnigen Festlegung z. B. des Ordnungsbegriffes auf »öffentliche Ordnung« und Gehorsamshaltung der Untertanen, daß die Literatur ihre Rolle als Sprachkorrektiv zu verlieren begann. Es beginnt jene Entwicklung, für die Karl Kraus, der Kritiker der Phraseologie, in der Kontrastierung der Dichtersprache mit der Sprache des ›Völkischen Beobachters‹, noch August Graf von Platen zum Zeugen nimmt:

> Er weiß wie Goethe um die Entfernung, die die deutsche Sprache von der Sprache der Deutschen trennt, das Volk der Dichter von eben diesen. Er kann es mit der Sprache sagen, als deren Patriot, der nicht Kompatriot ist:
>
> Wo mir zerrissen sind die letzten Bande,
> Wo Haß und Undank edle Liebe lohnen,
> Wie bin ich satt von meinem Vaterlande!
>
> Er kennt die Gegend, wie Hölderlin mit seinem Fluch: »Barbaren von altersher, durch Fleiß und Wissenschaft und selbst durch Religion barbarischer geworden« <. . .>[83] –

Franz Grillparzer: ›Der arme Spielmann‹

Der eigentliche Autor der »Ordnung« im Zeitalter der Metternichschen Restauration soll Franz Grillparzer gewesen sein[84]. Auch bei ihm ist – charakteristisch für die Restaurationsliteratur – die Ordnungs- mit der Sprachproblematik eng verknüpft. In seiner, in den dreißiger Jahren begonnenen und 1848 erstmals gedruckten, Erzählung ›Der arme Spielmann‹ ist leitendes Thema jene »Sprachverwirrung«, die Adalbert Stifter, im Jahre nach dem Erstdruck von Grillparzers Erzählung, im ›Wiener Boten‹ erörtert hat.[85] Es ist eine semantische Verwirrung, die den Zeitgenossen wahrhaft babylonisch und kaum lösbar erschien, da eine neue Sprache nicht geschaffen werden kann, die alte aber durch – politische – Zwecke entstellt ist. Der »arme Spielmann« wendet sich von der in Unordnung geratenen Welt der Worte der Welt der Töne zu, dem »Ein- und Ausatmen der Seelen«, das »durch Hinzufügung allenfalls auch zu sprechender Worte« verdorben wird:

> »Herr«, schloß er endlich, halb erschöpft, »die Rede ist dem Menschen notwendig wie Speise, man sollte aber auch den Trank rein erhalten, der da kommt von Gott.«[86]

In der Welt des Spielmanns lebt »Ordnung« nicht im Sinne eines mechanisch geregelten, bürgerlichen Erwerbslebens, sondern in einem die Ordnung dieser Welt transzendierenden Sinn der Übereinstimmung des Menschen mit *den* Absichten, welche die »Absichten« seines Schöpfers sind. Ein Kreidestrich trennt in der Mitte der Stube eine kleine, geordnete Welt von der ungeordneten Welt seiner Zimmergenossen und die Wohnung ist genaues Spiegelbild seiner Seele:

> »Die Unordnung ist verwiesen. Sie nimmt ihren Rückzug durch die Türe, wenn sie auch derzeit noch nicht ganz über die Schwelle ist.« – »Meine Wohnung reicht nur bis zu dem Striche«, sagte der Alte, wobei er auf die Kreidenlinie in der Mitte des Zimmers zeigte.[87]

Daß das Spiel dieses Mannes, dem man zur Ausbildung seiner Kräfte und Fähigkeiten – wie der Epoche, aus der er stammt – nicht »Zeit und Ordnung gegönnt« hatte[88], der Umwelt nur als ein »Kratzen« auf der Geige erscheint, daß er als »Sonderling«, von aller Welt verlacht, in der nur ihm zugänglichen Welt *seiner* Ordnung lebt, belegt den gerissenen Zusammenhang des Ganzen, die Spaltung einer Zeit, deren nur noch mechanisch repetierten, nicht mehr den Zusammenhang von Denken und Tun verbürgenden Ordnungsbegriff eine Erzählung, wie die Grillparzers, unter anderem anschaulich machen möchte.

Reflexion der »Sprachverwirrung«

Adalbert Stifter hat 1849 am Begriff »Freiheit« die Sprachnot seiner Zeit erörtert, in der auch die Denunzierung des Ordnungsbegriffes, die Divergenz von Staat und Gesellschaft in

Deutschland, manifest ist. Er hat dabei – fast nebenher – das »Geheimnis« politischer Werbung, die Erfindung des allen Assoziationen offenstehenden Reizwortes, die raffiniert getarnte Umdeutung eines durch Gewohnheit kaum noch reflektierten Begriffes gebrandmarkt:

> Nicht bloß mit dem Worte Freiheit ist es geschehen, daß man sich alles Mögliche und alles Unmögliche darunter vorstellte, sondern unzähligen anderen Wörtern erging es ebenfalls nicht besser: sie mußten das bedeuten, was jeder wollte oder sich einbildete oder seinem Vorteile gemäß hielt. Selbst neue Wörter machte man sich, um mit ihnen das durchzusetzen, wozu man eigentlich Vernunftgründe gebraucht hätte.[89]

Mit Grillparzer und Stifter haben zahllose Autoren des 19. Jahrhunderts versucht, der isolierten und denunzierten Ordnungsformel wieder differenzierte Bedeutung und das Politische übersteigenden Gehalt zu geben. Ernst von Feuchtersleben, der wenigstens mit dem Lied »Es ist bestimmt in Gottes Rat« das nur zeitgenössische Interesse überlebt hat, schrieb so am 26. September 1848 an Josef Stanislaus Zauper:

> Lassen wir die höhere Fügung walten! Sei'n Sie versichert, daß ich – dem Fortschritte in jedem Sinne mit Entschiedenheit huldigend – aus demselben Grundsatze die *Entwicklung* d. i. die Ruhe und die Ordnung des Entfaltens, als seine erste und wichtigste Bedingung ansehe; daß ich, in meiner Sphäre, in diesem Geiste wirken werde und bereits wirke; <...>[90]

Und Jeremias Gotthelf ersetzte 1842 »Ruhe und Ordnung« durch »Ruhe und Leben«, um dem abgenützten Begriffspaar wenigstens einen Teil des stillen Ernstes, des Glanzes und der Bedeutungstiefe zurückzugeben, die es einmal gehabt hatte:

> Nun war der schwarze Tod zu Ende. Ruhe und Leben kehrten ins Tal zurück.[91]

Fachsprachliche Entwicklungen

Auf die Bedeutungsentwicklung der politischen Werbesprache, ja selbst auf fachsprachliche Definitionen von »Ruhe und Ordnung«, das heißt also auch: auf die Geschichte der juristischen

Exegese des Paragraphen 10 II 17 ALR, hatte die Literatursprache auch mittelbar keinen Einfluß mehr. Aus einem Endurteil des königlich-preußischen Oberverwaltungsgerichtes vom 10. Dezember 1879 ist nur die Auffassung zu hören, daß »Ruhe die erste Bürgerpflicht« sei, wenn entschieden wird, daß sich die Polizeibehörden beim Verbot von Schießübungen in der Nähe bewohnter Gebäude nicht auf § 10 II 17 ALR berufen dürften, da »unter öffentlicher Ruhe nicht etwa das Unbelästigtsein des Publikums von störenden Geräuschen, vielmehr eine den die Sicherheit und Ordnung betreffenden öffentlichrechtlichen Normen entsprechende Haltung der Untertanen verstanden« sei[92]. Der in der juristischen Fachliteratur so häufig zitierten Kreuzbergerkenntnis des preußischen OVG vom 14. Juni 1882, das den Ordnungsbegriff des § 10 II 17 ALR als terminus technicus interpretierte und den Paragraphen dann ganz auf die Sicherung der bestehenden Legitimitäten einengte, kommt im Zusammenhang der allgemeinen Sprach- und Bedeutungsentwicklung von »Ruhe und Ordnung« vielleicht doch nicht die Bedeutung zu, die man ihm außerhalb des fachwissenschaftlichen Bereiches beimessen könnte[93], da in diesem Endurteil nur die juristische Formulierung eines im politischen Schlagwort seit langem sichtbaren Sprachgebrauches gegeben wurde.

Zusammenfassung

Es lohnt kaum, die Entwicklung des Schlagwortes in den Jahren der Reaktion, der Bismarckzeit und des Wilhelminismus im einzelnen zu verfolgen, da die Hauptlinien der Entwicklung schon 1848/49 vorgezeichnet sind, und die überwiegend negative »Ladung« von Kurt Tucholsky 1913 paradigmatisch zusammengefaßt wurde.

»Ruhe und Ordnung« ist in diesen Jahren zunächst die Grundformel des Polizeirechtes, das von der Wohlfahrtspflege ganz auf die Gefahrenabwehr eingeengt wird. Es ist der Polizist, der Gendarm, der – im Dienste des jeweils Befehlenden – »Ruhe und Ordnung« aufrecht zu erhalten hat[94].

»Ruhe und Ordnung« ist dann die politische Parole der Bourgeoisie gegenüber der andrängenden proletarischen Bewegung; es ist auch die Bewußtseinshaltung des Philisters, der in »Ruhe« abwartet, was von oben über ihn »verordnet« wird.

In »Ruhe und Ordnung«, als einem Schlagwort schon zu Beginn des 19. Jahrhunderts, als Parole der Metternichschen Ordnungspolitik, als antirevolutionärem Schlagwort in den Jahren 1848/49 und schließlich als Parole der »Ordnungsparteien« in wilhelminischer Zeit, ist immer auch das Versprechen der Rückkehr zu einem status quo[95], einer in der Erinnerung verklärten, ruhigen und gesicherten Vergangenheit zu hören.

Schließlich sind die vielfältigen Versuche zu Differenzierung und neuer Sinngebung vor allem literatursprachlich faßbar.

»Ruhe und Ordnung« im 20. Jahrhundert

Aus dem 19. Jahrhundert also wurde »Ruhe und Ordnung« an das zwanzigste hauptsächlich in der Bedeutung überliefert: Sicherung der bestehenden Legitimitäten, Gehorsamshaltung des Untertanen gegenüber der Obrigkeit, Abwehr der den bestehenden Staatseinrichtungen drohenden revolutionären Gefahren. Als Schlagwort wurde die Ordnungsformel in einem bis dahin längst vergessenen und nur mit der Metternich-Epoche zu vergleichenden Ausmaß aktualisiert. Damit wurde eine Entwicklung eingeleitet, in der sich nicht nur die literarische, sondern nun auch die juristische Sprachverwendung von der politischen löste, so daß die Formel, als Formel, aus der Fachsprache entschwand und der sprachprägende § 14 des 1931 erlassenen preußischen Polizeiverwaltungsgesetzes als Aufgabe der Polizei nur noch die Abwehr jener Gefahren definierte, »durch die die öffentliche Sicherheit oder Ordnung bedroht wird«[96]. Durch die Lösung der traditionellen Interferenz von politischem und juristischem Sprachgebrauch war eine gegenseitige Beeinflussung nicht mehr möglich; aus dem politischen Schlagwort »Ruhe und Ordnung« schwanden somit die Rechtsinhalte, es wurde zu einer, durch die lange Tradition scheinbar rechtlich fundierten, Propagandaformel, brauchbar für eine Haltung, welche die Manipulation des Rechtes und des Rechtsbewußtseins erstrebte und das Schlagwort zur Kennformel einer inhumanen, mechanisch auch dem Unrecht gehorchenden Bürokratie machte. Diese Entwicklung bis zum Jahre 1945 gilt es nachzuzeichnen.

Staatsformel der Weimarer Republik

Gustav Radbruch hat in seiner ›Rechtsphilosophie‹ davon gesprochen, daß jede Revolution die Wiederherstellung der soeben durch die Revolution gestörten »Ruhe und Ordnung« erstrebe, da »allein durch die Aufrechterhaltung von Ruhe und Ordnung eine revolutionäre Regierung sich zu legitimieren« vermöge[97]. Diese These war eine der rechtsphilosophischen Grundlagen der Weimarer Republik, die, aus der Revolution gegen die monarchischen Staaten entstanden, sich vergeblich unter der Parole »Ruhe und Ordnung« gegen ihre inneren Feinde von links und von rechts zu konsolidieren suchte.

Schon am 9. November 1918 hat Friedrich Ebert, dem von dem bisherigen Reichskanzler, Prinz Max von Baden, »unter Zustimmung sämtlicher Staatssekretäre die Wahrnehmung der Geschäfte des Reichskanzlers übertragen« worden waren[98], eine »Mahnung zur Ruhe und Ordnung« plakatieren lassen, in der es hieß:

> Ich bin im Begriffe, die neue Regierung im Einvernehmen mit den Parteien zu bilden und werde über das Ergebnis der Öffentlichkeit in Kürze berichten. Die neue Regierung wird eine Volksregierung sein. Ihr Bestreben wird sein müssen, dem deutschen Volke den Frieden schnellstens zu bringen und die Freiheit, die es errungen hat, zu befestigen. Mitbürger! Ich bitte Euch alle um Eure Unterstützung bei der schweren Arbeit, die unser harrt. <...> Mitbürger! Ich bitte Euch alle dringend, verlaßt die Straßen! Sorgt für Ruhe und Ordnung.[99]

Selbst in Bayern, wo man sich gegenüber der halbherzigen Berliner Revolution der wahren Revolution rühmte, enthielt der erste, von Kurt Eisner und Ludwig Gandorfer, als den Führern der Revolution, unterzeichnete, Aufruf die Mahnung zu »Ruhe, Ordnung und Sicherheit«:

> Beamte, Bürgermeister und Gendarmen! An euch ergeht die Aufforderung für *Ruhe, Ordnung und Sicherheit,* im Lande zu sorgen und die Amtsgeschäfte in der bisherigen Form auszuführen. *Nicht*

zerstören wollen wir, sondern wieder aufbauen und wir wollen allen Volksgenossen ohne Unterschied des Standes eine *sichere Existenz schaffen,* eine Existenz, die es jedem möglich macht, ein menschenwürdiges Dasein zu führen. Es lebe die soziale Republik![100]

Die Zeitungen sind angefüllt mit gleichlautenden Mahnungen. »Ruhe und Ordnung» müsse vor allem in der Lebensmittelversorgung herrschen, hieß es schon am 7. und 8. November 1918 in den ›Münchner Neuesten Nachrichten‹, die Soldaten zumal dürften nicht verhetzt werden, sie sollten mitarbeiten »an einem gedeihlichen Aufbau eines lebensfähigen Volksstaates«, der Wille des Volkes nämlich *»richtet sich auf Ordnung und Ruhe,* auf Aufbau«[101].

Wer die gehäuften Mahnungen zu »Ruhe und Ordnung« in der Woche der Revolution selbst überblickt, wird die Furcht der Revolutionäre verstehen, die daraus die Konterrevolution hörten, die das Ende der Revolution gekommen sahen, noch ehe sie eigentlich begonnen hatte. »Ruhe und Ordnung« wurde von den Propagandisten der parlamentarischen deutschen Demokratie zur Zentralformel der Republik gemacht; ihr grundlegender Fehler war zu meinen, daß das im 19. Jahrhundert antirevolutionär definierte Schlagwort als Klammer zwischen der tief wurzelnden Revolutionsfeindlichkeit breiter Teile des Volkes und dem revolutionären Ursprung des neuen Staates dienen könnte. In den Offiziers- und Studentenkompanien der gegenrevolutionären Freikorps nämlich wurde die Losung im Sinne einer klassenkämpferischen und monarchistischen Parole verstanden und mit Gewalt in die Tat umgesetzt.

Ganz im Strome seiner Bedeutungsentwicklung im 19. Jahrhundert wurde das Schlagwort »Ruhe und Ordnung« nicht zum positiven Leitbegriff der Republik, sondern fast unmerklich zu einer gegen die inner-republikanischen, revolutionären Bewegungen gerichteten Parole, wobei das tragische Scheitern des ersten demokratischen deutschen Staates schon in der Adaption der monarchisch-absolutistischen und antirevolutionären Formel gespiegelt ist.

Das Schlagwort wurde, wie der Ansturm der hier einträchtig vereinten Rechts- und Linksrevolutionäre belegt, zur gefährlichsten antirevolutionären Parole, da es mit der emotionalen Zustimmung der breiten, revolutionsunwilligen Masse[102] des Volkes rechnen konnte, das durch seine Erziehung und sein im monarchischen Staate gebildetes Staatsbewußtsein in ihr nicht allein das Ende des Bürgerkrieges, sondern zugleich das Versprechen einer Rückkehr der alten, durch die Novemberrevolution gestürzten Legitimitäten hören mußte.

Daß »Ruhe und Ordnung« zu einem Zentralbegriff liberaler und mehrheits-sozialdemokratischer Kräfte, zugleich auch zur Parole der sich sammelnden national-konservativen Strömungen wurde, belegen, einig im Faktischen, unterschieden in der Wertung, Marianne Weber und Luise Kautsky. Für die führend in der »bürgerlichen Frauenbewegung« tätige Gattin des Soziologen Max Weber bedeutete das Schlagwort, ungeachtet ihrer eigenen negativen Erfahrungen mit völkischem Studentenpöbel: »Schutz des persönlichen Eigentums, des Reiches, der gemeinsamen Kultur«, aus ihm spreche »Besonnenheit und Verantwortung für das Ganze«, »Ruhe und Ordnung« hält sie für »die gemeinsame Parole derer, die sich dem drohenden Ansturm der Linksradikalen (Spartakisten, Kommunisten) entgegenwarfen«[103]. Luise Kautsky dagegen, die, über alle Parteigegensätze hinweg, vertraute Freundin und Biographin Rosa Luxemburgs, meinte, daß es 1918/1919 dem »Bürgertum <...> um die Wiederherstellung des Geistes des alten Systems unter der Losung ›Ruhe, Ordnung und Sicherheit‹« gegangen sei.[104] Beiden Definitionen eigen ist die mangelnde Differenzierung. Zwar schieden sich an der Ordnungsparole schon seit Januar 1919 wieder einmal Revolution und Konterrevolution in Deutschland, doch reichte die Skala der Revolutionäre von den – ideologisch exakt zu definierenden – Anarchisten bis zu den National-Revolutionären Hitlers, die der Gegenrevolutionäre – nach 1918 – von den Mehrheitssozialdemokraten über die Liberalen bis zu den Monarchisten und den Anhängern einer nationalkonservativen Diktatur. Die Ordnungsparole der Mehrheitssozialdemokratie stellte Rosa Luxemburg 1919 in die Reihe der in Europa gleichlautenden gegenrevolutionären Parolen[105]; Maximilian Harden, der geschworene Feind des Wilhelminismus, warnte vor der Gefahr einer Diffamierung des Schlagwortes[106], – gegen alle Anstrengungen war die unglücklich gewählte Zentralformel der Republik schon in den zwanziger Jahren ein »reaktionäres Schlagwort« geworden[107]. Für das Bürgertum der Weimarer Republik war die Übernahme der Formel »Ruhe und Ordnung« durch die aus dieser Perspektive revolutionär belastete Mehrheitssozialdemokratie ein heuchlerisches Propagandamanöver, für die sozialistischen Revolutionäre aber war es Beweis für die von ihnen stets behauptete Komplizenschaft des demokratischen Sozialismus mit der Reaktion. Dieser Eindruck mußte durch einen im Februar 1922 veröffentlichten, Aufsehen erregenden Brief des ehemaligen deutschen Kronprinzen noch verstärkt werden, in dem es hieß, daß »Ruhe, Ordnung, Arbeit und Einigkeit <. . .> die Faktoren« seien, deren das Land jetzt bedürfe[108]. Wenn man die Situation des besiegten, unter der Last der Reparationen und der Inflation leidenden, von inneren Unruhen erschütterten Deutschland bedenkt, so ist der Satz überzeugend und richtig; eine unvoreingenommene Lektüre aber war im Kontext des Parteienkampfes, im Kontext der zum Reizwort erstarrten Ordnungsparole, nicht möglich, vielleicht nicht einmal intendiert. Die der Losung zugedachte Funktion einer Verbindung aller gegen die Weiterführung der Revolution gerichteten Kräfte, hatte sich demnach schon in den ersten Jahren der Republik als ein verhängnisvoller Irrtum erwiesen.

Parole des Anarchismus in Bayern

Dem demokratischen, staatserhaltenden Sozialismus ist die Adaption der antirevolutionär belasteten Ordnungsparole für neue, republikanisch-staatsbürgerliche Ziele nicht gelungen; auch dem, besonders in Bayern, virulent gewordenen Anarchismus gelang die versuchte Aneignung nicht. Freilich haben die deutschen Anarchisten stets nur zurückhaltend versucht, die für sie historisch so belastete Formel zu übernehmen.

Eisners und Gandorfers mit der Ordnungsparole versehener Revolutionsaufruf steht in der Tradition des 19. Jahrhunderts, in welchem die Kontinuität der Bürokratie durch alle politischen Veränderungen hindurch ungebrochen erhalten blieb. Am Widerstand der Bürokratie ist schließlich auch die bayerische Revolution gescheitert[109]. Zu spät haben die bayerischen Revolutionäre die Gegensteuerung versucht, der Anbruch einer »neuen Zeit«, den sie verkündet haben, stand mit der Realität ihres zum Tummelplatz widerstreitender Linksideologien werdenden Staates in Widerspruch. »Die Fundamente des bismarckischen Staates«, meinte inmitten der Revolutionstage der national-konservative Historiker Karl Alexander von Müller, »ruhen auf der Nationalbewegung eines ganzen Jahrhunderts unserer Volksgeschichte, sie haben die Erdstöße überdauert; die ruhige, ordnungsliebende Grundmasse des Volkes wacht aus der Erstarrung auf.«[110] Dieses »Erwachen«, und das heißt für Bayern: die Organisation der Gegenrevolution, die im Einklang mit der Volksmeinung stand, wurde auch von den Revolutionären bemerkt. So erläuterte Gustav Landauer, der bedeutendste Theoretiker der bayerischen Revolution, in der fünften Sitzung des provisorischen Nationalrates des Volksstaates Bayern am 18. Dezember 1918, das Faktum der Rechtsentstehung durch revolutionären Rechtsspruch und propagierte jene Revolution der Gesinnung, der sich die bayerischen Revolutionäre in der kurzlebigen Euphorie ihrer Anfangserfolge nahe geglaubt hatten. Landauer bezeichnete es als das wünschenswerte Ziel der Revolution, bald zu den »ruhigen, geordneten Zuständen der Zukunft« zu gelangen, welche auch die Regierung Eisner wünsche; doch fuhr er fort:

> Wenn es aber nicht möglich ist: das erste auf unserer Fahne ist nicht Ruhe und Ordnung, das erste auf unserer Fahne ist die neue Welt, der neue Geist, das neue Volk, der neue Zustand.[111]

Landauer interpretierte also »Ruhe und Ordnung« als die Begriffe eines erst zu schaffenden »Zustandes«, er verkündete die Utopie einer Ordnung, den staatenlosen Zustand der »Anarchie im ursprünglichen Sinne: Ordnung durch Bünde der Freiwilligkeit«[112].

Obwohl Landauer die Wertehierarchie der Revolution damit eindeutig festgelegt hatte, obwohl Ernst Toller, der junge, von Eisner und Landauer der Revolution gewonnene Dramatiker, konsequent die Revolution gegen die »Ruhe- und Ordnung-Schreier«, die »Ruhe-und-Ordnung-Spießer«[113] abgrenzte, war der »Schrei nach Ruhe«, der durch das »hartgeprüfte Volk« ging[114], so laut, daß selbst die Proklamation der Räterepublik Baiern, welche das am weitesten fortgeschrittene revolutionäre Experiment in den deutschen Staaten bezeichnete, auf das Schlagwort nicht verzichten konnte. Auf den Maueranschlägen konnten die Münchener am 10. April 1919 lesen, daß die Räte-Republik dem »betrogenen Volke endlich die so lange vorenthaltenen Früchte der Revolution« bringen werde, nämlich »Ruhe-Brot-Ordnung«[115]. Diese Schlagworte belegen nicht nur die aktuellen Bedürfnisse des hungernden und unter dem Bürgerkrieg leidenden Volkes, sondern auch den Versuch, ein neues, anarchistisches »Staatsbewußtsein« zu schaffen, wobei der Begriff in sich so widersprüchlich ist, wie die Losung »Ruhe und Ordnung« im Vokabular der bayerischen Anarchisten.

Aus dem vergeblichen Ringen der Revolutionäre um die Ordnungsparole darf sicher auch auf die relative Unwirksamkeit des Schlagwortes geschlossen werden; das Publikum, an das sich die Aufrufe der Räte-Republik richteten, ließ sich durch den Gebrauch der »bürgerlichen« Formel nicht täuschen und erkannte die grobe Verzerrung einer in Deutschland längst historisch gewordenen Bedeutung. Es beginnen die Klagen deutscher Autoren um die »verlorene Revolution«.

Die Ordnungsparole des National-Konservativismus

Größeren Erfolg im Umgang mit dem alten Schlagwort hatten die national-konservativen Kräfte. Ihre Ordnungsparole galt zunächst nicht einer bestimmten Ordnung, sie war lediglich gegen die Revolution gerichtet. Karl Alexander von Müller hat am 14. November 1918 in seiner Vorlesung über »Probleme des Weltkrieges« unter anderen gesagt:

> Das ist die Frage, ob es gelingt, in Deutschland in den nächsten Wochen und Monaten eine Ordnung aufrechtzuerhalten, irgend eine Ordnung, auf ihre Art kommt es jetzt wenig an – oder ob über uns das Chaos hereinbricht.[116]

Dieses »preußische Gefühl«, das auch in der Pervertierung des ›Egmont‹-Zitates zum Ausdruck kommt, haben die Soldaten der Freikorps als Rechtfertigung ihres Kampfes gegen alle Linksrevolutionäre – einschließlich der Mehrheitssozialdemokratie, in deren Auftrag sie oft genug kämpften – betrachtet. Das »Fundament, darauf der Ruhm der preußischen Armee, die Ordnung unseres Staates, die Ruhe unseres Volkes gegründet ist«, meinte der Heimatschriftsteller Hans Franck in der politisch-historischen Tragödie ›Geschlagen!‹, sei die Maxime: »Gehorsam über alles!«.[117]

Aus dieser Einstellung ist der Kapp-Putsch entstanden, der das »preußische Gefühl« auch politisch wieder zur Geltung zu bringen suchte. Grotesk ist dabei, daß während der Tage des Putsches beide Seiten, die Reichsregierung sowohl, wie die Putschisten, im Namen von »Ruhe und Ordnung« um die Sympathien der Bevölkerung warben. Die »Regierung der Ordnung, der Freiheit und der Tat«, als die sich die Anhänger des Staatsstreiches verstanden, versprach den deutschen Arbeitern, daß sich die Entente »gegenüber der Entwicklung in Deutschland abwartend <. . .> und wohlwollend« verhalten werde, »wenn Ruhe und Ordnung bleibt«; dagegen versicherte die Reichsregierung, und mit ihr die preußische Staatsregierung, daß es gegen die Kapp-Putschisten gelte, »mit den verfassungstreuen zuverlässigen Führern, Truppen und Polizeikräften die Ruhe und Ordnung aufrecht zu erhalten«, daß nur »in der Einigung aller ordnungswilligen und ruheliebenden Volksgenossen <. . .> die Rettung« liege[118]. In Berlin setzten im März 1920 Arbeiterschaft und Ministerialbürokratie, an deren Widerstand der Kapp-Putsch schließlich gescheitert ist, ihre Hoffnung noch auf das Ordnungsversprechen der Reichsregierung; in Bayern dagegen, in jenem Land, das in Revolution und Gegenrevolution allen deutschen Ländern weit voraus war, gelang es der aus den Wirren des Kapp-Putsches hervorgegangenen Regierung Kahr, die Ordnungsparole zu einem schlagkräftigen Instrument gegen die sozialistischen Revolutionäre im eigenen Lande und gegen die, aus national-konservativer Perspektive revolutionäre, weil republikanisch-parlamentarische Reichsregierung zu machen. So verkündeten am 19. Januar 1921 in penetranter Kumulierung der bayerische Staatssekretär des Inneren und die Abgeordneten der Bayerischen Volkspartei im Deutschen Reichstag »Ruhe und Ordnung« als unverrückbare Leitbilder der Regierung Kahr, Bayern als die »Ordnungszelle« des Deutschen Reiches. »Die Regierung Kahr«, hieß es da, »und die Politik, die die Bayerische Volkspartei vertritt, hat nur den einen Zweck, Ordnung und Ruhe aufrecht zu erhalten gegenüber den Gefahren, die aus politischen Gründen begreiflicherweise in erster Linie der Regierung Kahr drohen.« Die »Ordnungszelle«, von der die Neuordnung des Deutschen Reiches ausgehen sollte, müsse in besonderem Maße gegen kommunistische Putschpläne geschützt werden; die ordnungspolitischen Maßnahmen seien nur »im Interesse von Ruhe und Ordnung in Bayern und damit auch gleichzeitig im Interesse und im Dienste des ganzen Deutschen Reichs« ergriffen worden.[119] Vergeblich lief die Unabhängige Sozialdemokratische Partei in der Reichstagsdebatte über die Ermordung des bayerischen USP-Landtagsabgeordneten Gareis[120] Sturm gegen die Verwilderung des öffentlichen Lebens im »Ordnungsstaat« Gustav Ritter von Kahrs, vergeblich warnte der ehemalige bayerische Justizminister Ernst Müller-Meiningen schon frühzeitig vor Übersteigerung und »Mißbrauch der Ordnungsparole«[121]; »Ruhe und Ordnung« wurde zum zentralen Schlagwort des bayerischen Konservativismus und weckte bewußt Reminiszenzen an das in Bayern traditionell tief wurzelnde, monarchische Staatsdenken. In dieser Atmosphäre entstand die von Hitler begierig aufgegriffene Idee des Marsches nach Berlin, die Idee von der sittlichen Berechtigung der Diktatur, durch welche nicht nur eine Zelle, sondern der ganze Organismus »Deutschland« in Ordnung gebracht werden sollte[122].

Einer der größten nationalen Wehrverbände, welche den Nationalkonservativismus in Deutschland stützten, war ›Der Stahlhelm. Bund der Frontsoldaten‹, in dessen Vokabular die Parolen der Metternich-Zeit in seltsamer Perversion erscheinen:

> Von der Ruhe und der inneren Harmonie Deutschlands hängt auch die Ruhe Europas und damit der ganzen Erde ab.[123]

Diese Vereinigung der Frontsoldaten arbeitete einem Staatsverständnis vor, das nicht den mündigen Staatsbürger meinte, sondern die nivellierte und »uniformierte« Gesellschaft; die Ideale der Front: Kameradschaft, Bevorzugung des Kämpfers, des Soldaten vor dem Nichtkämpfer, Ein- und Unterordnung, wurden in das Programm des Vereins aufgenommen. So verkündete schon eines der ersten Flugblätter:

Der
Stahlhelm
Bund der Frontsoldaten
will
die Kameradschaft pflegen,

die sich im Felde bewährt hat, die
Interessen der Frontsoldaten vertreten,
damit den Frontsoldaten die Stellung im öffentlichen und Berufsleben eingeräumt wird, die ihnen als Verteidiger des Vaterlandes zukommt, und
für Ruhe und Ordnung eintreten,
damit ein jeder seiner jetzt so notwendigen Arbeit nachgehen kann, und das deutsche Volk nicht elend zugrunde geht![124]

Wenn im Jahre 1919 »Ruhe und Ordnung« als Programmpunkt des »Stahlhelm« sich noch mit der Ordnungsparole der Reichsregierung deckte, so nur, weil es das gemeinsame Ziel war, die weitere Ausdehnung der Revolution zu verhindern, wobei »Revolution« und »Marxismus« für den »Bund der Frontsoldaten« Synonyme sind[125]; 1923 aber richtete sich die Ordnungsparole des »Stahlhelm« gegen das System des Parlamentarismus. In einem Telegramm an den Reichskanzler fordert der Bundesvorstand am 4. November 1923 die Schaffung einer »nationalen Diktatur <...>, die nicht durch Parlamente, Parteien und Interessenverbände behindert ist«[126], noch 1934 aber leistete es sich der Verein, sich als national-konservativ von der National-Revolution abzugrenzen und die den Nationalsozialisten geheiligte »nationale Erhebung« des 9. November 1923 einen »Putsch <...> unklarer radikaler Verbände« zu nennen[127].

Antiparole »engagierter« Literatur

Gegen den mit Ausnahmegesetzen regierenden Ordnungsstaat Bayern wandten sich die Revolutionäre. So reihte der wegen Hochverrats in der Festung Niederschönenfeld inhaftierte Ernst Toller »Ruhe und Ordnung« unter jene Euphemismen ein, die durch Emil Julius Gumbel als Sprachregelungen für die »Formen der politischen Morde«[128] bekannt geworden sind. Er übernahm das Schlagwort in sein literarisches Werk, kennzeichnete dort damit den »Frontgeist« und den Geist der Staatsautorität, die er bekämpfen zu müssen glaubte[129] und wies durch die Integration der aktuellen Propagandaparole sein konfliktträchtiges Werk als auf unmittelbare, politische Wirkung zielend aus.

Kurt Tucholsky veröffentlichte noch im Januar 1925 ein ›Ruhe und Ordnung‹ überschriebenes Gedicht, in dem er, aus der Perspektive der sozialen Revolution, die Zentralformel der Weimarer Republik gegen ihr parlamentarisches System wandte[130]. Die satirische Verkehrung des Ordnungsbegriffes in diesem Text weist zwar auf die im Schlagwort erkannte und erkennbare Verhärtung des Rechtsbewußtseins in der Weimarer Republik, doch hat der Autor an dieser Verhärtung teil. Noch 1925 nämlich wird »Ruhe und Ordnung« als Antiparole auch gegen die Sozialdemokratie gewendet, der Tucholsky und viele seiner Freunde ihren angeblichen Verrat an der Revolution 1918/1919 nicht verzeihen konnten. Der »Arbeiterkalender«, dem Kurt Tucholsky im Dezember 1925 die Verwendung der »Tendenzfotografie in ihrer höchsten Vollkommenheit« bescheinigte, enthält z. B. eine »Fotografie der Nationalversammlung <. . .> mit der erledigenden Unterschrift <. . .>: *›Am Grabe der ersten deutschen Revolution‹. ›Ruhe und Ordnung herrscht wieder in Berlin‹* – und man sieht sie herrschen. *›Im Stechschritt durch die deutsche Republik‹* – nun, man weiß, wem diese Beine und wem diese Gesichtskopien gehören . . .«[131] Eine solche Einengung des politischen Horizontes auf die revolutionäre Phase der Republik, eine Blickverengung, die in der politischen Entwicklung bis zur Mitte der zwanziger Jahre nur die »Liquidierung der Revolution« und nicht die verzweifelten Versuche einer glücklosen Demokratie, sich selbst zu behaupten, sah, das heißt also: die Fixierung auf den Gegner nicht gerade der ersten, wohl aber der zweiten Stunde, hat Toller im Exil als eine der Ursachen für das Scheitern der Weimarer Republik erkannt und beklagt[132].

Zu spät erst wurde den revolutionären Schriftstellern bewußt, daß sie im Kampf gegen die Ordnungsparole inzwischen Gefolgschaft erhalten hatten, daß die von ihnen, ihrer offenkundigen Versäumnisse wegen, angegriffene Republik ihres Schutzes und ihrer Verteidigung, nicht des müßigen Streites um die »Früchte der Revolution« bedurft hätte.

Antiparole der NSDAP im Kampf gegen die Weimarer Republik

Die Geschichte des Schlagwortes »Ruhe und Ordnung« belegt, wie sehr der Nationalsozialismus in der sogenannten »Kampfzeit« auch die linksrevolutionäre Propaganda in sein Vokabular einbezogen hat. In jenen Monaten des Jahres 1925 nämlich, in denen Tucholsky die »verlorene Revolution« für die in der Wahl Hindenburgs zum Reichspräsidenten sich äußernde, reaktionäre Grundstimmung verantwortlich machte, bewies ein, wie Toller, soeben aus bayerischer Festungshaft entlassener Gefangener, durch den Kampf gegen die »bürgerliche« Ordnungsparole, seine revolutionäre Gesinnung. Unter dem noch frischen Eindruck der gescheiterten »Nationalrevolution«, unter dem Eindruck von Kahrs, an ihm von den Nationalsozialisten später so blutig gerächten »Verrat«, diktierte Adolf Hitler seine Abrechnung mit dem »Blödsinn von ›Ruhe und Ordnung‹«. Er wünschte »die Unordnung und die Unruhe <. . .> wenn nur unter ihren Wirren endlich eine prinzipielle Abrechnung mit den marxistischen Todfeinden unseres Volkes möglich wurde und stattfand«[133]. Während Hitler an der eben zitierten Stelle »Ruhe und Ordnung«, als Antiparole, noch auf die bayerischen Verhältnisse des Jahres 1923 eingrenzte, verdeutlichte er in anderen Passagen von ›Mein Kampf‹ seine Antipathie gegen die »bürgerliche Erziehungsarbeit zur Ruhe und Ordnung« ganz allgemein; die »lächerliche Parole einer Sicherung von Ruhe und Ordnung zur friedlichen Ermöglichung gegenseitiger Begaunerei« schien ihm, wie alles, wogegen er kämpfte, schließlich jüdischen Ursprungs. So formulierte er das rassistische Ziel seines Staatsentwurfes, »die Aufgabe der Erhaltung und Förderung eines durch die Güte des Allmächtigen dieser Erde geschenkten höchsten Menschentums«, in scharfem Kontrast zur Ordnungsformel der Weimarer Republik[134]. In diesem antikapitalistischen und antisemitischen Sinn hat dann auch Joseph Goebbels den Kampf seines »Führers« gegen die Zentralformel des von ihm gehaßten »Systems« der deutschen Republik interpretiert. Er hat »Ruhe und Ordnung« im Juli 1928 als ein jüdisches Schlagwort verurteilt und Hitlers Postulate aus ›Mein Kampf‹ nochmals massenwirksam vergröbert:

> Der Jude ist unschöpferisch. Er produziert nicht, er handelt nur mit Produkten. Mit Lumpen, Kleidern, Bildern, Edelsteinen, Getreide, Aktien, Kuxen, Völkern und Staaten. Und alles, womit er handelt, hat er irgendwo und irgendwann gestohlen. Solange er gegen einen Staat Sturm läuft, ist er Revolutionär, sobald er im Besitz der Macht ist, predigt er Ruhe und Ordnung, um in Gemächlichkeit seinen Raub verzehren zu können.[135]

Noch 1939 kann Goebbels an diese seine Definition von »Ruhe und Ordnung« anknüpfen. Die lange Tradition der besitzbürgerlich vorgeprägten Bedeutung der Ordnungsformel kam ihm bei der Diffamierung Großbritanniens, als des Prototyps kapitalistischer Staaten, entgegen. So verteufelte er das »englische Ruhe-, Ordnungs- und Friedensprinzip«, indem er es als das Prinzip der Ausbeutung darstellte:

> Die Reichen schwärmen für Ruhe und Ordnung, denn sie können dadurch nur gewinnen. Jeden Angriff auf bestehende Eigentumsverhältnisse empfinden sie deshalb als unmoralisch und fassen ihn unter dem Generalbegriff des Bolschewismus zusammen.[136]

Wenn man von der rassistischen, allerdings gravierenden, Komponente einmal absieht, so ist in den zwanziger und dreißiger Jahren ein fataler, den Zeitgenossen noch nicht zu Bewußtsein gekommener Gleichklang links- und rechtsrevolutionärer Parolen im Kampf gegen die Staatsformel der Weimarer Republik nicht zu überhören.

Die Unterscheidung der Ordnungsparole des um seine Existenz ringenden Staates von der der Ordnungsfanatiker, welche die »geometrische Epidemie«[137] vorbereiteten, war im Kontext der Zeit offenbar nicht möglich. Was Tucholsky in seinem zum Goethejahr 1932 veröffentlichten »Schulaufsatz« eines Berliner Jungen: ›Hitler und Goethe‹[138] klarsichtig beschrieben hat, daß Hitler – mit Trotzki zu sprechen – das individuelle Angebot auf eine kollektive Nachfrage war, daß in Deutschland, in den letzten Jahren der Weimarer Republik, die »Gesellschaft, nicht der Staat <. . .> totalitär« geworden ist[139], war ihm beim Kampf gegen die Ordnungsparole noch kaum bewußt. Der Jurist Tucholsky verurteilte in »Ruhe und Ordnung« noch das Schlagwort eines Denkens, das die Freiheit des Einzelnen durch die Macht des unter dieser Parole angetretenen Staates zu beschränken suchte.

Wer nämlich den nationalsozialistischen, charakteristisch erst nach 1933 einsetzenden Gebrauch des Schlagwortes mit den zitierten Texten aus ›Mein Kampf‹ vergleicht, ist zunächst über den schroffen formalen Gegensatz erstaunt, doch wird bei näherem Zusehen erkennbar, daß Hitlers Auseinandersetzung mit der »bürgerlichen Erziehungsarbeit« ein Programm enthält, welches besagt: durch Unruhe und Unordnung zu Ruhe und Ordnung, zur Macht. Auch ist Goebbels' Angriff auf den »Ruhe und Ordnung« predigenden kapitalistisch-jüdischen »Weltfeind« von den Zügen nationalsozialistischer Selbstdarstellung geprägt.

Karl Arnold, der geniale Karikaturist des ›Simplicissimus‹, hat nach dem Hitlerputsch des Jahres 1923 die Karikatur eines nationalsozialistischen Spießers gezeichnet, eines Mannes mit Knollennase, Schnauzbart, am Biertisch sitzend, in der Hand die mit der Krone geschmückte, weiß-blaue Pfeife, die Gehirnpartie gegenüber der Mundpartie nur gering entwickelt, die Stelle der Augen nehmen zwei Hakenkreuze ein. Darunter setzte er die Verse:

> Mei' Ruah möcht' i hamm und a Revalution,
> A Ordnung muaß sei' und a Judenpogrom,
> A Diktator g'hört hera und glei' davo' g'haut:
> Mir zoagen' s Enk scho', wia ma Deutschland aufbaut![140]

Arnold hat die Gegensätze »Ruhe« und »Revolution«, »Ordnung« und »Pogrom« vereint, »Ruhe« in Kahrs Propagandaformel mit der Biertischruhe identifiziert, die Revolution – im Blick des Spießers – als eine Art »Wirtshausgaudi« beschrieben; in der Koppelung von »Ordnung« und »Judenpogrom« aber wies er auf die nationalsozialistische Umdeutung des Ordnungsbegriffes voraus, auf die rassisch-völkische Definition einer »dem deutschen Volke innewohnenden arteigenen Ordnung, deren Gefährdung das deutsche Volk in seinem Bestande erschüttert und seine politische Existenz in Frage stellt.«[141] Arnold hat nicht einen nationalsozialistischen Führer gezeichnet, sondern den Typ des zum Pogrom neigenden Ordnungsphilisters, der Hitler erst »ermöglichte«. Er kennzeichnete »Ruhe und Ordnung« nicht mehr als das Leitbild einer starken Staatsgewalt, sondern als das einer Gesellschaft, welche sich die unglückliche Staatsformel der Republik zueigen gemacht, ihren spezifischen, auf Rechtssicherheit, in der Erhaltung und Konsolidierung des demokratischen Staates gerichteten, Sinn ausgehöhlt hat, so daß der plötzliche Umschlag des Ordnungsbegriffes im nationalsozialistischen Propagandavokabular, von der Antiparole zur Parole, längst vorbereitet war, ehe er auch in den Reden der Propagandisten des »Dritten Reiches« manifest wurde. Arnold hat also die Revolution im Zeichen von »Ruhe und Ordnung« prophezeit und mit ihr die Umdeutung des Rechtes in die Gesetzlichkeit des Unrechts, den Ordnungspogrom.

Das Schlagwort »Ruhe und Ordnung« wurde 1924, beim Wiederaufbau der NSDAP, noch nicht in das Propagandavokabular der Partei Hitlers aufgenommen, zu nahe lag die Verwechslung mit der Terminologie des nationalkonservativen Gegners; als zentrale Parolen wurden »Freiheit und Brot«, in den Jahren der Weltwirtschaftskrise »Arbeit und Brot« gewählt; zugleich aber bemühte sich die NSDAP mit Erfolg, die Ordnungsparole der Reichsregierung in Gegensatz zur politischen Realität zu bringen, bis durch die Inkongruenz von Wirklichkeit und Anspruch – auf rechtsetzende Macht – der Zentralbegriff der Weimarer Republik zur Farce geworden war und von Goebbels im Wahlkampf des Jahres 1932 mit Hohngelächter gegen die Republik gewendet werden konnte:

> Vierzehn Jahre haben sie nur von Ruhe und Ordnung gesprochen und von Frieden, und jetzt reden sie wieder von Barrikaden und von Aufstand und Widerstand <...>[142]

Neun Monate später ist der Umschlag in der Bewertung des Schlagwortes im nationalsozialistischen Propagandavokabular vollzogen. Im April 1933 erscheint »Ruhe und Ordnung« als positives Leitwort, durch die Beiordnung von »Disziplin« dem Kampfvokabular des Nationalsozialismus eingepaßt:

> Das, was sich jetzt in Deutschland abspielt, wird sich in Ruhe und Ordnung und in Disziplin vollziehen. <...> Die nationalsozialistische Führung hat erklärt: ›Der Boykott ist gesetzmäßig‹, und die Regierung verlangt, daß das Volk den Boykott sich in Gesetzmäßigkeit vollziehen läßt. Wir erwarten eisernste Disziplin.[143]

Durch »Ruhe und Ordnung« im Sinne eines militärischen Unterordnungsverhältnisses wird Legalität, Gesetzmäßigkeit verbürgt. Der sich in der Sprache spiegelnde Prozeß einer Pervertierung des Rechtsbewußtseins kann in seinen schwerwiegenden Folgen kaum überschätzt werden. Hier beeinflußt nicht mehr die Fachsprache den politischen Sprachgebrauch, hier hat die Propagandasprache Besitz von der Rechtssprache ergriffen. Ganz in diesem Sinne hat Roland Freisler auf dem Deutschen Juristentag 1936 dann das deutsche Recht als »das artgebundene deutsche Volksrecht« definiert, das »seinem Ursprung nach kein Juristenrecht sein« könne[144]. Im nationalsozialistischen Gebrauch der Formel »Ruhe und Ordnung« sind Reminiszenzen an ihren Ursprung im Denken der deutschen Justizaufklärung ausgeschlossen.

Wirkungen des Ordnungs-Versprechens

Man wird kaum von einer Beeinflussung des allgemeinen Bewußtseins durch die alte Propagandaparole sprechen können, obwohl das Raffinement der nationalsozialistischen Propagandasprache gerade an der Übernahme und der dadurch verschleierten Umdeutung alter Propagandaformeln deutlich wird. Die Nationalsozialisten übernahmen stillschweigend eine soeben noch bekämpfte Formel und postulierten damit die Kontinuität des Rechtsstaates.

Am 3. April 1933, also zwei Tage nach Goebbels' Berliner Boykottrede, soll Otto Dibelius über den Reichsrundfunk erklärt haben, daß die »Boykottbewegung gegen das Judentum in Deutschland <. . .> in absoluter Ruhe und Ordnung verlaufen« sei[145]. Man kann unterstellen, daß Dibelius, der erklärte und mutige Gegner des Nationalsozialismus, »Ruhe und Ordnung« noch in der rechtsstaatlichen Bedeutung aus der Zeit der Weimarer Republik verwendete, doch ist nicht zu übersehen, daß hier ein integrer und gebildeter Mann, verführt von der Gewöhnung an die Ordnungsparole, vielleicht auch verführt durch die lutherische Exegese von Röm. 13,1 sich, durch den Gebrauch des in seiner Bedeutung radikal umgewerteten Schlagwortes, zum Gehilfen der nationalsozialistischen Propagandamaschinerie hat machen lassen.

Der Glaube an das mißverstandene Ruhe-und-Ordnungs-Versprechen der neuen Machthaber war in den Jahren vor dem Zweiten Weltkrieg in Europa weit verbreitet. Das Buch, das Jakow Trachtenberg im Mai 1933 herausgab: ›Die Greuelpropaganda ist eine Lügenpropaganda‹, bezeugt, daß Dibelius' Erklärung nur eine von zahllosen, gleichlautenden Beteuerungen war, die sämtlich durch die Betonung der in Deutschland herrschenden »Ruhe und Ordnung« – bewußt oder unbewußt – Goebbels' Legalitätsthese der nationalsozialistischen Judenpolitik stützten. Der »Centralverein deutscher Staatsbürger jüdischen Glaubens« betonte, daß sich die Reichsregierung in dem gegenwärtigen »politischen Umschwung gewaltigen Ausmaßes« mit Erfolg bemüht habe, »möglichst schnell Ruhe und Ordnung wiederherzustellen«; die »Deutsch-Israelitische Gemeinde in Hamburg« hielt »Ruhe und Ordnung« für »gesichert«; die »Inhaber der Firma Tietz« sandten an ihre Geschäftsfreunde im Ausland ein Telegramm, in dem es hieß: »Überall herrscht Ruhe und Ordnung, die durch sinnlose, unwahre Propaganda gefährdet wird«; an den Großrabbiner von Frankreich sandten sechs prominente Stuttgarter Juden ein Telegramm, in dem sie jeder »Hetze gegen« ihr »deutsches Vaterland und jeder Boykottbewegung <...> in Übereinstimmung mit allen deutschen Juden entschieden« entgegentraten: »Hier herrscht Ruhe und Ordnung«.[146] Es sind solche gehäuft auftretenden Äußerungen, die Goebbels meinte, wenn er vom »Erfolg« des Judenboykotts 1933 sprach[147]. Die erklärten Gegner seiner Partei und die von den Maßnahmen der Judenpolitik selbst Betroffenen beeilten sich, ihrem Urheber die Gesetzlichkeit dieser Maßnahmen zu bestätigen und das von ihm beschworene »wunderbare Schauspiel von Geschlossenheit und Manneszucht« zu bewundern[148].

Karl Kraus: ›Dritte Walpurgisnacht‹

Die Stimmen der Warner und Mahner wurden im Lärm der in »Ruhe und Ordnung« aufmarschierenden SA-Formationen überhört. Karl Kraus hat sein Buch ›Dritte Walpurgisnacht‹, in dem er Jakow Trachtenbergs Dokumentation satirisch zitierte, nur in Auszügen erscheinen lassen[149]. Für ihn war das törichte

Vertrauen »auf eine Ruhe und Ordnung, <. . .> deren höchster preußischer Garant die Erklärung abgegeben hat: Jeder Schuß eines SA- oder SS-Mannes ist ein Schuß von mir«[150], Beweis für den Sieg der Propagandamaschinerie über die dem Geist der Sprache entfremdete Menschheit. Kraus hat die über Deutschland hereinbrechende Ordnung als die Ordnung der Grabesstille, als den »Kältetod, die Leichenstarre, eine Mondlandschaft«[151] erkannt: »Ordnung beginnt zu herrschen; hält man sich die Ohren zu, hört man kein Stöhnen mehr.«[152] Für ihn war schon früh die Kluft zwischen der Ordnung der Dichtersprache und dem Sprachchaos des Pressejargons Symptom einer Spaltung der Bewußtseinsebenen in Deutschland. Die »Ordnung« in der Sprache der Kunst rechnete er zur »deutschen Sprache«, »Ordnung« in der Formel »Ruhe und Ordnung« zur Sprache der Deutschen. So kontrastierte er in der ›Dritten Walpurgisnacht‹ die Sprachordnung Goethes mit der Sprache der nationalsozialistischen Presse- und Rundfunkpropaganda, um im Kontrast die Emanzipation der Sprache von ihren Sprechern zu zeigen, die Sprache als Zeugen gegen das verbrecherische Denken ihrer Sprecher zu nehmen.

Wer bedenkt, daß das von Göring bestellte Telegramm Arthur Seyß-Inquarts, mit dem 1938 der Einmarsch deutscher Truppen in Österreich gerechtfertigt wurde, diesen Einmarsch mit der Notwendigkeit begründete, »Ruhe und Ordnung in Österreich wieder herzustellen«[153], wird erkennen, daß die Warnung des Österreichers Karl Kraus, auch wenn er sein Buch ganz veröffentlicht hätte, vergeblich gewesen wäre.

Ernst Ottwalt: ›Ruhe und Ordnung‹

In der deutschen Literatur der dreißiger Jahre ist die aufdringlich zeitgemäße Thematik der »Ruhe« und der »Ordnung« nicht zu übersehen.

›Ruhe und Ordnung‹ hat Ernst Ottwalt seinen 1929 erschienenen »Roman aus dem Leben der nationalgesinnten Jugend« überschrieben. Das Buch, meinte Kurt Tucholsky in seiner Rezension, sei kein Roman, es handle sich um »stilisierte Tagebuchnotizen«.[154] Es ist ein Bericht über die im Zeichen von »Ruhe und Ordnung« angetretenen Freiwilligenverbände, die sich rasch »von der staatlichen Ordnung emanzipierten« und einen Typ des politischen Soldaten schufen, der das Vorbild für die Kampfformationen der Nationalsozialisten abgegeben hat. »Aus seiner normativen Verankerung gerissen und seiner sinnvollen Zwecksetzung beraubt, begann das Befehls-Gehorsams-Verhältnis sich zu verabsolutieren und wurde zum Schema, das auf beliebige Zwecke angewandt werden konnte, auch auf politische und unter Umständen auf verbrecherische.«[155] Ottwalt schildert, wie die staatserhaltend gemeinte und für das parlamentarische System eingesetzte Parole »Ruhe und Ordnung« zum Reizwort entartet, das seiner traditionellen Assoziationsbreite wegen zum Deckmantel auch des Brigantentums werden konnte, zur Parole, die Abenteuerlust, Sadismus, Mordgier deckt; die Entfesselung dieser Triebe aber, meint der zum Kommunismus konvertierte ehemalige Freikorps-Soldat Ottwalt, (der den nationalsozialistischen Massakern entkam und, in den »Stalinschen Säuberungen« zum Tode verurteilt, in einem sibirischen Straflager starb) brauchte die »bestehende Gesellschaftsordnung«, zur wirksamen Bekämpfung der sozialistischen Revolution:

Und dann erzählt der Freikorpsoffizier von wütenden Kämpfen mit den Polacken; von Strolchen, die man einfach ohne Gnade an Chausseebäumen aufknüpft, oder denen man eine Kugel vor den Kopf schießt; von einem Vorgesetzten, der auf seinem Schimmel wie der Teufel durch wahnsinniges Feuer reitet, und den niemals eine Kugel trifft; von Polenmädchen, denen man den Hintern vollhaut und das Nötige besorgt.
»Also, meine Herren, wenn Sie uns helfen wollen, in Oberschlesien Ruhe und Ordnung wiederherzustellen, dann sind Sie uns willkommen. Wir können jeden echten deutschen Mann gebrauchen.«[156]

Tucholsky hat die von Ottwalt dargestellte Entwicklung einer propagandistischen Reizwortmethode als die spezifische Sprachhaltung im Deutschland der zwanziger und dreißiger Jahre »auf allen Seiten der Politik« gekennzeichnet:

Neulich sagte mir ein Balte: was ihm am meisten in Deutschland auffiele, sei das ›Papageiengerede‹ der Leute; wenn man sie ritzt, dann quillt aus jedem Topf ein Klischeegewäsch heraus, von dem man jeden einzelnen Satz vorher kennt.[157]

Als Reizwort nimmt »Ruhe und Ordnung« schließlich sogar

den der ursprünglichen Wortbedeutung entgegengesetzten Sinn auf:

> Wir haben die bestehende Gesellschaftsordnung vor dem Untergang geschützt und fühlten uns wohl in der Unruhe, die wir im Kampf für Ruhe und Ordnung hervorriefen.[158]

Die Ordnungsparole deckte also den blinden Aktionismus eines Tatmenschentums, das Karl Kraus als Symptom des Nationalsozialismus bezeichnet hat, sie war aber auch – so belegt es Ottwalts Reportage – jeweils nationalistisch definiert, bezeichnete für viele Autoren, vor allem in den Zeiten der Suche nach der verlorengegangenen, nationalen Identität, im eigentlichen wie auch im verschleiernden Sinne, eine ausgeprägte Eigenschaft des deutschen Nationalcharakters.
So spiegelt Ottwalts lange mißachtetes Buch Entwicklungstendenzen des Schlagwortes »Ruhe und Ordnung«: es verdeutlicht die Denunzierung der Staatsformel der Weimarer Republik in der Sinnentleerung des Reizwortes; es weist auf »Ruhe und Ordnung« als die angeblichen Charakteristika des deutschen Volkscharakters und belegt schließlich die Pervertierung der traditionsbeladenen Parole in einem Zeitkontext, in dem der ursprünglich gegen die Ordnungsparole gerichtete Kampfruf der SA: »Deutschland erwache!« jene Unruhe erzeugte, die auch der Lärm der Kämpfer für »Ruhe und Ordnung« wachhielt[159].

Stefan Zweig: ›Die schweigsame Frau‹

Stefan Zweig hat die Thematik der nach Ruhe verlangenden Zeit in sein Libretto zu Richard Strauß' Oper ›Die schweigsame Frau‹ aufgenommen, die 1935 in Dresden noch uraufgeführt werden konnte, nach der zweiten Aufführung aber verboten wurde.

Dem Orgiasmus der zwanziger Jahre, den »roaring twenties«, stellte Zweig in der Gestalt des Sir Morosus eine Generation gegenüber, deren tiefe Sehnsucht nach Ruhe um jeden Preis das Gegenteil, den zermürbenden Lärm, bewirkt. Zweig hat in den Mittelpunkt seiner Komödie also nicht die Titelfigur gestellt, sondern den lärmempfindlichen Sir Morosus als Bild der Kriegsgeneration:

> Er ist einmal mit der Pulverkammer seiner Galione in die Luft geflogen, <. . .> halbgeröstet haben sie ihn aus dem Wasser gefischt, er war – ein Wunder – lebendig. Nur das Trommelfell ist in tausend Winde gegangen.[160]

Schon die Quellenwahl, Benjamin Jonsons berühmte Komödie ›Epicoene or The silent woman‹, belegt die Aktualisierungstendenz, da an den wenig differenzierten Charakteren der »comedy of humours« zeittypische Erscheinungen deutlicher demonstriert werden können, als an den individuelleren Charakteren der späteren Literatur. In Text und Musik wird das Thema »Ruhe« mit dem Thema »Lärm« konfrontiert und diesem Themenpaar ein zweites entgegengesetzt: »Stille« und »Kunst«. Morosus, der den Neffen enterbt, weil ein Morosus, »der singt, <. . .> kein Morosus« ist[161], wird von der Schauspielertruppe seines Neffen mit Lärm bestraft, bis er die von »Kunst«, »Gesang« und »Heiterkeit« erfüllte Stille von der seelenlosen Kirchhofsruhe zu unterscheiden vermag. Die »Ruhe« der letzten Szene, der Baßarie des Morosus, meint eine andere Ruhe als die, nach der sich Morosus ursprünglich gesehnt hat, es ist die Stille der Liebe, die von der Heiterkeit der Kunst erfüllte Ruhe der Seele.

Der verblendeten Gleichsetzung von »Ruhe« und »Stille«, »Lärm« und »Kunst« antwortet der egozentrische, lärmende Ruhebefehl der scheinbaren Xanthippe:

> Meine Ruh' will ich haben,
> Ruhe, Ruhe, Ruhe, Ruhe!
> Will nicht gefragt sein,
> will nicht geplagt sein!
> Laß mich nicht quälen, nicht inquirieren,
> weiß meine Sachen selber zu führen,
> weiß am besten, was mir mundet und frommt,
> und verdammt, wer mir da in die Quere kommt![162]

Im Ruf nach Ruhe wird Lärm erzeugt, der sich steigert bis Morosus den Tod ersehnt, dann erfolgt der jähe Umschlag vom Lärm zum Gesang, von der Ruhe zur Stille im Septett des Finale:

> Noch ein Wunsch für frohe Stunden . . .
> Ein paar Takte noch Musik . . .
> Eine letzte leise Runde . . .

. . . Und schon ziehn wir uns zurück.
Einen Knicks noch . . .
. . . Ein Verneigen . . .
. . . Einen Gruß . . .
. . . Ein letztes Wort . . .
. . . Und dann Stille nur und Schweigen . . .
. . . Und jetzt sind wir endlich fort.[163]

Stefan Zweig ist es – zusammen mit Strauß – gelungen, in dieser Oper nochmals die Atmosphäre der Libretti Hugo von Hofmannsthals zu erzeugen, nun als stillen Kontrapunkt zu einer Zeit, die dem politischen Massentheater ergeben war, der Hysterie der »Volksgemeinschaft« und dem Schaugepränge »nationaler Wiedergeburt«.

Der Lärm des Tages hat auch diese Differenzierung des Ruhebegriffes übertönt, doch zeugt das Verbot der Oper von dem Gespür der Machthaber für die Gefährlichkeit der scheinbar dem Tage abgewandten Kunst.

Thesen zum deutschen »Nationalcharakter«

In den letzten verfinsterten Jahren seines Lebens hat Stefan Zweig die Gewöhnung des deutschen Volkes an eine unkritisch aufgenommene Ordnungsparole, die dem deutschen Nationalcharakter entgegengekommen sei, für den Aufstieg Hitlers verantwortlich gemacht:

> <. . .> ein ungeheures Verlangen nach Ordnung war in allen Kreisen des deutschen Volkes, dem Ordnung von je mehr galt als Freiheit und Recht. Und wer Ordnung versprach – selbst Goethe hat gesagt, daß Unordnung ihm unlieber wäre als selbst eine Ungerechtigkeit – der hatte von Anbeginn Hunderttausende hinter sich.[164]

Auch Karl Alexander von Müller hat in seiner Vorlesung am 14. November 1919 die deutsche Lage gegenüber der Revolution »besser« als die der Russen eingeschätzt, da »der deutsche Volkscharakter <. . .> gleichmäßiger« sei, »ruhiger, phlegmatischer vielleicht – aber auch ordnungsliebender, aufbauender, schöpferischer und freier«[165], und Wilhelm Röpke meinte, wie Zweig, daß sich Goethe in seinem berühmten Wort aus der ›Belagerung von Mainz‹ »zweifellos zu einer sehr deutschen Auffassung bekannt« habe:

> Auch im öffentlichen Leben liebt es der Deutsche, daß alles zuerst in Ordnung und Rechtmäßigkeit zugeht, und diese Ordnung ist leider nur zu oft eine bloß äußere, der der sittliche Gehalt – die Gerechtigkeit – unter Umständen geopfert wird.[166]

Ernst Deuerlein gar behauptet in seiner Biographie Hitlers, ein Element von »Hitlers Ermöglichung« sei gewesen, daß »nur allzu viele Deutsche <. . .> mit Goethe« bekannt hätten, »daß Unordnung ihm unlieber wäre als selbst eine Ungerechtigkeit«[167].

So wird die kontextfreie Fehlinterpretation von Goethes Ordnungsbegriff zum Kriterium des deutschen Nationalcharakters stilisiert. Die Verfälschung des Goethe-Zitates in den angeführten Texten liegt auf der Hand, doch ist noch nicht sichtbar geworden, daß Stefan Zweig – und mit ihm wohl auch Wilhelm Röpke und Ernst Deuerlein – einer stark vom französischen Deutschlandbild stimulierten Auffassung Goethes und seines Ordnungsdenkens unterlagen. Zweig stand, als er den zitierten Goethesatz niederschrieb, wohl nicht nur unter dem Einfluß des Goethebildes seines Freundes Romain Rolland, er zitierte Goethe eventuell sogar in einer Rückübersetzung aus dem Französischen. Goethes ungeduldige Äußerung in Mainz wurde nämlich von Léon Bazalgette im August 1929 in der ›Humanité‹ mit »plutôt une injustice qu'un désordre« übersetzt und diese französische Kurzform wählte 1931 Paul Amann zur Überschrift eines Aufsatzes im ›Jahrbuch der Sammlung Kippenberg‹.[168] Die Überschrift, nicht der Inhalt des Aufsatzes, hat wohl auch Stefan Zweig beeinflußt.

In das Bild der Franzosen von den ruhe- und ordnungsliebenden Deutschen läßt sich sogar noch Alfred Grossers Sorge vor der Überbetonung des »Begriffes der Sicherheit« in der Bundesrepublik Deutschland einreihen; in der Konfrontation von »Ordnung« und »Recht« greift er ein altes, seit dem 18. Jahrhundert zwischen Deutschland und seinem westlichen Nachbarn umstrittenes Thema der Geschichte auf:

> Huldigen nicht manche Bürger der Bundesrepublik dem Staat mehr als dem Recht und erleben die freiheitlich-demokratische Grundordnung als eine Abwandlung der staatlichen Ordnung, die ihren Vätern oder ihnen selbst, im Kaiserreich oder im totalen Staat, den täglichen Frieden sicherte?[169] –

Die Propaganda-Apparatur des Nationalsozialismus, mit deren Methodik, Organisation und Effizienz in Hitlers Staat nur noch die Vernichtungsmaschinerie konkurrieren konnte, hat den alten ideologischen Streit zwischen Frankreich und Deutschland in ihr Konzept eingebaut. Im ›Völkischen Beobachter‹ wurde am 14. Juli 1940 über den Einmarsch deutscher Truppen in Paris reflektiert:

> In Paris wurde jene »Freiheit, Gleichheit und Brüderlichkeit« geboren, die die Grenzen zwischen Können und Versagen, zwischen Wert und Unwert wegwischte.[170]

Der Französischen Revolution und ihren Idealen steht die deutsche Ordnungs-Revolution gegenüber. So ist am 17. Juni 1940 in der ›Deutschen Allgemeinen Zeitung‹ über den Vorbeimarsch der Truppen beim Einmarsch in Paris zu lesen:

> Die Menschen säumen zurückhaltend den Straßenrand, sie diskutieren, sind immer wieder verwundert über die Ruhe und Ordnung, in der sich der Einmarsch abwickelt.[171]

Noch in seiner letzten Rede 1945 hat Joseph Goebbels mit diesem vom Ausland kritisierten, aber auch heimlich bewunderten, deutschen Nationalcharakter jongliert. Sein verklärtes Bild des vom den »Soldaten des Führers« garantierten »menschenwürdigen Lebens« in »Wohlstand und Glück, Ruhe, Ordnung <. . .>«, das er dem heraufdämmernden bolschewistischen Weltenchaos gegenüberstellte[172], ist auch an die Adresse der westlichen Alliierten Sowjetrußlands gerichtet, die durch »Ruhe und Ordnung« beschriebene abendländische Kultur nicht zerstören zu lassen.

Selbst wenn es das Phänomen des »Nationalcharakters« gibt, so ist es nicht statisch und für alle Zeiten festgelegt, sondern, wie die Geschichte der Ordnungsparole verdeutlicht, der historischen Entwicklung unterworfen. Die Vorstellung des ruhe- und -ordnungs-liebenden deutschen Volkscharakters ist zudem so stark ideologisiert, daß sie als Kategorie zur Beschreibung gruppendynamischer Prozesse jede Trennschärfe verloren hat. Zumindest sollte nicht übersehen werden, daß der Vorstellung einer spezifisch deutschen »Ruhe und Ordnung« schon im 19. Jahrhundert die der »deutschen Unruhe« entspricht, deren Geschichte die poetische und die politische Literatur zwar nicht im gleichen Maße beschäftigte, wie die Ordnungsthematik, die aber bei der Beschreibung des SS-Staates und des nationalsozialistischen Kämpfertyps eine nicht unbedeutende Rolle spielt.[173] –

Die Ordnungsformel der mechanistischen Bürokratie

Der dominierende Inhalt des nationalsozialistischen Gebrauchs der Ordnungsformel ist noch nicht beschrieben: der mechanische Ordnungsbegriff, dessen Ausdruck das Räderwerk der Bürokratie ist. Goebbels hat bekanntlich »Ordnung« als Synonym für »Disziplin« verwendet, er hat »Sozialismus« als »Ein- und Unterordnung« definiert und an die Stelle der Menschenrechte die Unterordnung unter den Gesetzesbefehl des »Führers« gesetzt. Diesen Ordnungsbegriff hat Bertolt Brecht in seinem Werk satirisch gegen den Nationalsozialismus gewendet, er hat die Ordnung um der Ordnung willen, die den Menschen aller Taten und Untaten fähig macht, mehrfach karikiert. »<...> ich hab sagen hern«, meint Brechts Schweyk, »der Hitler hat eine größere Ordnung gebracht, als man für menschenmöglich gehalten hat.«[174] Der »ordentlichste Mensch«, den Kalle in den ›Flüchtlingsgesprächen‹ kennengelernt hat, war ein SS-Mann namens Schiefinger im Konzentrationslager Dachau:

> Wenn er uns mit der Lederpeitsch geprügelt hat, ist er so gewissenhaft vorgegangen, daß die Striemen, die er verursacht hat, ein Muster ergeben haben, das jeder Untersuchung mitm Millimetermaß hätt standhalten können.[175]

Brecht hat am Ordnungsbegriff die Sinnleere der allein auf Kampf und Macht gestellten nationalsozialistischen Ideologie demonstriert und die »Ordnung« des Dritten Reiches demnach als eine »Mangelerscheinung« definiert:

> Der Mensch kann bestimmte Verrichtungen überhaupt nicht ausführen, wenn er sie nicht ordentlich ausführt.
> Nämlich die sinnlosen. <...> Sie könnens so ausdrücken: Wo nichts am rechten Platz liegt, da ist Unordnung. Wo am rechten Platz nichts liegt, ist Ordnung.[176]

Carl Zuckmayer: ›Der Hauptmann von Köpenick‹

Die Satire der sich selbst genügenden Bürokratie wurde 1931 von Carl Zuckmayer geschrieben.

Im ›Hauptmann von Köpenick‹ ist eine Ordnung geschildert, die keine »menschliche Ordnung« ist, sondern eine Ordnung der Administration, die sich nur mit sich selbst beschäftigt und im Kreislauf von Paßverweigerung, Arbeitsverweigerung und Ausweisung den Menschen unweigerlich zur Kriminalität zwingt:

> Erst kommt de Wanze, und dann de Wanzenordnung! Erst der Mensch, Friedrich! Un dann de Menschenordnung![177]

All die scheinbar kleinen Schikanen der Behörden, die Wilhelm Voigt widerfahren, weisen auf das Grundmotiv der Bürokratie: die Isolation des Machttriebes, der Recht und Justiz nicht duldet, sondern die Justiz zur Vollstreckerin eines bürokratischen Nihilismus degradiert.

Dies ist die von den Nationalsozialisten gefürchtete und erkannte Intention des Textes; ihre Angriffe gegen Zuckmayers Ordnungssatire[178] richten sich gegen die Klarsicht des Autors, der in einer sich von ihrer Zweckbestimmung emanzipierenden Verwaltung das unselige Bündnis zwischen der Bürokratie und dem »Führerstaat« präfiguriert sah.

Die Satire der Uniform ist dabei kein selbständiges Thema des Schauspiels, sondern Bild der ablaufenden Ordnungsmechanismen des total verwalteten Staates, für dessen Darstellung Zuckmayer – in Übereinstimmung mit der deutschen Literatur in den zwanziger Jahren – die Metapher des Gefängnisses wählt[179]. Wilhelm Voigt gelingt es, sich die Stadtkasse von Köpenick dadurch anzueignen, daß er sich mit der alten Uniform des Bürgermeisters von Köpenick verkleidet. Voigt befördert sich durch Anlegen der Uniform zum Hauptmann und verhaftet Dr. Obermüller in dessen auf dem Trödel gelandeten »Ehrenkleid«.

Das durch die Uniform repräsentierte Denken wendet sich also gegen sich selbst und vernichtet den Menschen. Die Uniform als eine zweite menschliche Haut, als ein Teil des Menschen selbst, ist, unabhängig von ihrem Träger, Repräsentation für Bewußtseinsmechanismen, deren ständige Einübung das verabsolutierte Befehls-Gehorsams-Verhältnis auf ein ganzes Volk übertragen kann. Obermüller wird gleichsam von einem Teil seines Bewußtseins – der eigenen Uniform – überfallen und im Kern seines Wesens, seinem Karrieredenken, zerstört. Das brüllende Gelächter, das aus Voigt herausbricht, als er sich erstmals selbst mit der Uniform im Spiegel sah, hat sich auf die Zeitgenossen des Autors nicht – wie er wohl hoffen mochte – befreiend übertragen. Zuckmayer aber ist es wenigstens, als einem zweiten Hauptmann von Köpenick, gelungen, durch Ausnützung des Uniformfetischismus sich den Weg in die Freiheit des Exils zu bahnen[180].

Die Amtssprache Adolf Eichmanns

»Ruhe und Ordnung« wurde schon in den frühen dreißiger Jahren Leitwort einer mechanisch auch dem Unrecht dienenden Verwaltung. In diesem Gebrauch sind sämtliche Reminiszenzen an den Ursprung der Formel in der Sprache des Rechtes verwischt. Hitler hat von dem Tage gesprochen, »an dem es in Deutschland als eine ›Schande‹ gelten werde, Jurist zu sein«, und er sprach damit, nach Hannah Arendt, »ganz konsequent von dem Tage der vollendeten Bürokratie«[181]. Der vollkommene Repräsentant eines solchen Systems war Adolf Eichmann, Verwaltungsfachmann des Todes, der nach eigenem Geständnis nur eine Sprache, die der Bürokratie, gesprochen hat: »Amtssprache ist meine einzige Sprache.« Noch vor dem Gericht in Jerusalem rühmte er sich seiner administrativen Fähigkeiten, des reibungslosen Ablaufes der von ihm gesteuerten Maschinerie des Völkermordes: »Wenn diese Sache einmal gemacht sein mußte, dann war es besser, wenn Ruhe und Ordnung herrschten und alles klappte.«[182]

Thomas Mann: ›Doktor Faustus‹

Das Fazit einer Entwicklung der Ordnungsparole von wilhelminischer Zeit bis in die Jahre des Nationalsozialismus zog 1946 ein Autor, der von sich behaupten konnte, seine wahre Heimat sei »die freie von Besatzungen unberührte deutsche

Sprache«[183]. Thomas Mann hat im 47. Kapitel des ›Doktor Faustus‹ das Jahr 1930 als jenes Jahr beschrieben, in dem der Wahnsinn Adrian Leverkühns, der Wahnsinn in Deutschland zum Ausbruch kam. Ehe Adrian aber in die »zwölfstündige Bewußtlosigkeit« versinkt, »worein der paralytische Choc am Klavier ihn versenkt hatte«, ehe er den zum Choc führenden Vortrag beginnt, schreibt Thomas Mann mit Bezug auf das Publikum, das dem Vortrag lauscht:

> Das Publikum folgte mit ziemlicher Promptheit. Ruhe und Ordnung waren rasch hergestellt.[184]

So hat der Dichter mit wenigen Federstrichen die Degeneration der Ordnungsformel gekennzeichnet: auch dem Schauspiel des paralysierten Geistes, der »Abweichung vom eigenen Ich, der Selbstentfremdung« folgt das Publikum noch in »Ruhe und Ordnung«[185].

Die Ordnungsparole seit 1968

Nach 1945 hat das denunzierte und belastete Schlagwort seine dominierende Rolle in der Sprache der Politik und der Literatur ausgespielt. Die Bundesrepublik Deutschland trat nicht unter dem Zeichen der Staatsformel der Weimarer Republik auf, sondern unter dem Schlagwort »Sicherheit«. Daß sich die Semantik der Sicherheits-Parole in den Wahlkämpfen seit 1949 gewandelt hat, versteht sich von selbst. Es war zunächst die Sicherheit vor dem äußeren Feind, welche die Politiker versprachen, dann die soziale Sicherheit und schließlich die innere Sicherheit gegenüber Terror und Systemveränderung.

»Ruhe und Ordnung« trat zuerst in den späten sechziger Jahren als Anti-Parole wieder in Erscheinung, wobei sich im Gebrauch des Schlagwortes erneut eine Tendenz zur Polarisierung des politischen Lebens abzeichnete, da jene Gruppen, die »Ruhe und Ordnung« – als einen sprachlichen Anachronismus – gegeneinander ausspielten, die studentischen Ideologen des Neonarchismus auf der einen Seite, die durch Wirtschaftsinteressen verbundenen Gruppen der Gesellschaft auf der anderen Seite waren. In den Voltaire-Flugschriften, die 1968, auf dem Höhepunkt der Studentenbewegung, verteilt wurden, war zu lesen:

Es geht tatsächlich um die Abschaffung von Ruhe und Ordnung, es geht um undemokratisches Verhalten, es geht darum, endlich nicht mehr sachlich zu sein[186]

Die Verfasser sprachen gegen eine »Ruhe und Ordnung, in der die Unterdrücker sich ausruhen, gegen verlogene Rationalität und wohlweisliche Gefühlsarmut«, und Rudi Dutschke hat im Dezember 1968 »Ruhe, Ordnung und Sicherheit« mit »Unterdrückung, kalter Bürgerkriegsvorbereitung und Angsterhaltung« übersetzt.[187] Diesem Angriff auf die Erneuerung des demokratisch-parlamentarischen Staates gegenüber, auf die in der Formel der »Sicherheit« sich erklärende Reminiszenz an die Bürgerlichkeit der deutschen Aufklärung, blieben die Appelle an die Mentalität der Ordnungsfanatiker nicht aus. So wurde im ›arbeitgeber‹, dem Organ der ›Bundesvereinigung der deutschen Arbeitgeberverbände‹ 1970 von einer Mehrheit unseres Volkes gesprochen, welche »trotz der für Mammut-Gehälter Unruhe schürenden Meinungsmacher eher für Ruhe und Ordnung als für Mord und Totschlag« sei[188].

Trotz diesen Belegen führt »Ruhe und Ordnung« in der Sprache der politischen Werbung heute nur eine Randexistenz. Die ehemals dominierende Stellung der Ordnungsformel haben das aus den USA importierte Schlagwort »law and order« und seine mehr oder weniger wörtlichen Übersetzungen eingenommen, während »Ruhe und Ordnung« selbst im journalistischen Sprachgebrauch immer häufiger zur Ironisierung geschilderter Situationen verwendet wird. Die Denunzierung ist offenkundig geworden, die musterhafte Haltung des seiner selbst bewußten Staatsbürgers ist nicht mehr die der »Ruhe und Ordnung«. Die bloße Nennung des Schlagwortes genügt also, um satirische Effekte zu erzielen:

Mir tut jeder leid, der durch eine Bombe umkommt. Ich glaube, dir tut auch jeder leid der durch eine Bombe umkommt, in München Frankfurt, Augsburg, Hanoi.

Das Land liegt ruhig, fest ist das Fernsehen
in der Hand der Ruhe und Ordnung
überall wird über Bäume gesprochen, aber
der Horváth gestern war schön bös.[189]

Die heute in allen Ländern der westlichen Welt zu verfolgende Annäherung von »law and order« an Bedeutungen von »Ruhe und Ordnung«, wie sie sich im Laufe des 19. Jahrhunderts herausgebildet haben, läßt leicht die an der inner-englischen Bedeutungsentwicklung von »law and order« zu beobachtende britisch-irische Auseinandersetzung vergessen. Auch hier kann freilich nur angedeutet werden, daß die irischen Dramatiker seit der Jahrhundertwende, etwa Sean O'Casey oder John Millington Synge, die Problematik des Verhältnisses ihrer Landsleute zu dem als Zeichen britischer Herrschaft in Irland empfundenen »law and order« zu einem Thema ihres Werkes gemacht haben.

Weltweit ist heute das Sprachspiel der Metternich-Zeit wieder zu verfolgen, nachdem der amerikanische Außenminister Henry Kissinger, der bekanntlich wissenschaftlich über Metternich gearbeitet hat, während seiner Vermittlertätigkeit im Nahen Osten, nicht ohne Ironie, der »fliegende Metternich« genannt wurde.

Wie im Deutschen der Terminus »Ruhe« in der formelhaften Verbindung mit »Ordnung« immer mehr an Eigenbedeutung eingebüßt hat, so scheint es gegenwärtig dem Wort »law« in der englischen Formel zu ergehen. Zumindest seit dem amerikanischen Präsidentschaftswahlkampf 1968, in dem »law and order« durch George C. Wallace zur Zentralformel *aller* Bewerber geworden ist – zu spät erst setzte sich Hubert Humphrey durch »order and justice« von seinen Konkurrenten ab –, wurde die Umdeutung eines alten, ehrbaren Terminus augenfällig. Die das angelsächsische Rechtsbewußtsein spiegelnde Formel, die besagt, daß jeder Bürger des Staates am Bestand der auf dem Recht basierenden Ordnung, am »process of law«, beteiligt ist, wird zusehends zur Parole und zur Antiparole der Gewalt. So heißt es in einem Leitartikel in ›The Providence Journal‹ im September 1968:

> A decent and honourable term, then, is becoming for some a cue to the arousal of mass fury against anyone who does not conform to Wallace-style stereotypes. At the same time it is becoming for others a term to blacken the name of anyone who upholds law and order as preessential to the functioning of a democracy. Americans need

to remember that a man or a woman can fight in the cause of civil rights and simultaneously insist on law and order.[190]

Auch das große Nachrichtenmagazin ›Time‹ hat die in der Schlagwortverwendung sich abbildende Veränderung und Verhärtung des Rechtsbewußtseins in den USA bemerkt. »A lot of Americans«, heißt es in einem Bericht des Jahres 1970, »seem to want order, but not law.«[191]

Nur weil »law and order« inzwischen in die Nähe deutscher Bedeutungen von »Ruhe und Ordnung« aus den zwanziger Jahren gerückt ist, konnte die Formel, in wörtlicher Übersetzung und in Verbindung mit der zentralen, von Inflationen aller Art gefährdeten Parole der Bundesrepublik, als tarnender Ersatz für »Ruhe und Ordnung« gelten: »Sicherheit durch Recht und Ordnung« lautet die seit 1969 plakatierte Maxime der NPD.

Innerhalb der deutschen Sprachszene ist der fast vollständige Ersatz von »Ruhe und Ordnung« durch die differierenden Eindeutschungen von »law and order«, also der Ersatz einer die deutsche Sprache fast übercharakterisierenden, das heißt karikierenden Formel durch eine englische Sprachprägung, besonders deshalb ein bemerkenswerter sprachlicher Vorgang, weil er exakt den Abschluß einer ganzen Epoche der Geschichte politischer Ideen bezeichnet. Die Formel »Ruhe und Sicherheit«, wie ihr im 18. Jahrhundert geprägtes Pendant »Ruhe und Ordnung«, galt vielen fast 200 Jahre lang als das ausgeprägteste sprachliche Charakteristikum einer spezifisch deutschen Gesellschaftsidee. Seit Christoph Martin Wieland 1789 in der ›Kosmopolitischen Addresse an die Französische Nationalversammlung‹ »um der allgemeinen Ruhe und Sicherheit willen« wünschte, »das Recht, sich eine neue Konstituzion zu geben so oft es dem Volke beliebt«, möge »ein ausschließliches Privilegium der Französischen Nazion« bleiben[192], seit er also, im Einklang mit der deutschen Literatur der Aufklärung[193], »Ruhe und Sicherheit«, die »tradierten Grundlagen von Staat und Gesellschaft«[194] – in ihrer Definition durch die deutsche Justizaufklärung –, von den leitenden Ideen der westlichen Demokratie absetzte, war die Eigenentwicklung des Volkes in der Mitte Europas auch in seiner Literatur vorgeprägt. Die Frühgeschichte von »Ruhe, Sicherheit, und Ordnung« bestätigte die These Rudolf Stadelmanns, daß »nicht deutsche Reaktion, sondern deutscher Fortschritt <. . .> Deutschland politisch dem Westen gegenüber zurückgeworfen« habe[195], denn nur »die Idee der Revolution von oben« konnte »den Wettbewerb mit der Erklärung der Menschenrechte aufnehmen«[196]. Als »Ruhe und Ordnung« allein an die Stelle von »Ruhe, Sicherheit, und Ordnung« trat, war zwar nicht diese Idee, wohl aber ihre Realisierung suspendiert und ersetzt durch die Erwartungshaltung einer »irgendwann« zu verfügenden »Revolution von oben«.

Noch Thomas Mann versuchte in der Rede ›Von deutscher Republik‹ – die Wortverbindung, meinte der Autor, sei »sehr stark im Beiwort«[197] –, an die Ideologie einer deutschen Mitte, als der Humanität verbürgenden Einheit von Staat und Kultur, anzuknüpfen; dies trotz oder gerade wegen aller offenkundigen Divergenzen zwischen Geist und Macht. Er bezog sich im Zitatgerüst der Rede zwar nicht auf Wieland, so doch auf die Staatsutopie des Novalis, welche Wielands Kritik der Französischen Revolution nahesteht.

Der Ersatz von »Ruhe und Ordnung« durch »law and order« bezeichnet somit auch das definitive Ende der vom Nationalsozialismus dämonisch mißbrauchten Idee deutscher Eigenentwicklung und der Ideologie deutscher Mitte. Er bezeichnet die Integration der Bundesrepublik Deutschland in ein Staatenbündnis, das stärker durch die Idee bürgerlicher Freiheit als durch die der »Ruhe und Sicherheit« geprägt war. Daß dieser epochale Integrationsprozeß mit restaurativen Tendenzen innerhalb dieses Bündnisses zusammenfiel, mag Ironie der Geschichte genannt werden, doch haben diese Tendenzen zweifellos die Annäherung traditionell geschiedener Ideensysteme erleichtert.

Mit der vollzogenen Integration hat die Bundesrepublik nun auch teil an der weltweiten Inflation der Ordnungsparolen und ihrer erneuten Ideologisierung, nachdem selbst im demokratisch traditionell gefestigten Großbritannien 1970 der konservativen Partei vorgeworfen wurde, sie trage die Parole »law and order« wie einen Sheriffstern an der Brust[198]. Die Deutschen könnten in den Dialog der westlichen Demokratien die Erfahrung ihrer Geschichte einbringen, die zur Vorsicht beim Umgang sowohl mit dem bürokratisch mechanisierten, wie auch mit dem ideologisch denunzierten Ordnungsbegriff rät. Es seien zwei Gefahren, meinte Paul Valéry, welche nicht aufhören werden, die Welt zu bedrohen: »l'ordre et le désordre«[199]. Wenn aber, nach Gustav Radbruch, Gerechtigkeit, Zweckmäßigkeit und Sicherheit des Rechtes die Rechtsidee bestimmen, so ist am jeweiligen Pegelstand von Formeln wie »Ruhe und Ordnung« oder »law and order« die Gefährdung des Gleichgewichtes der die Rechts- und die Rechtsstaatsidee konstituierenden Elemente abzulesen.

2. Interferenz und Divergenz der Sprachverwendung

Peter O. Stummer hat in einem konzisen Forschungsbericht zum ›Verhältnis von Sprache und Politik zwischen Sprachpolitik und Interessenanalyse‹[200] vor allem die in den Jahren seit 1945 erfolgte Verfeinerung des Rasters zur Analyse »politischen Sprechens« dargestellt. Er hat vorgeschlagen, den von ihm zusammenfassend referierten »linguistischen Charakteristika und den philosophischen Kriterien des politischen Sprechens auch Anhaltspunkte der sozialen Dimension hinzuzufügen«. Auch wenn in Stummers Schema diachrone Fragestellungen möglich scheinen, müßte doch zur Komplettierung des Rasters die historische Perspektive nachdrücklicher als bisher hinzugefügt werden[201]. Der Abriß einer Geschichte von »Ruhe, Sicherheit, und Ordnung« verdeutlichte, daß historisch erklärbare, tradierte und verfestigte Bedeutungen von Schlagwörtern, welche bestimmte Assoziationsrichtungen vorzeichnen, wesentlich zur Wirksamkeit politischer Parolen beitragen. Die Gewöhnung an semantische Strukturen – die Gewohnheit, meinte Franz Schnabel, sei eine der stärksten Kräfte in der Geschichte – beeinflußt nicht nur die Umbildung rechtssprachlicher Formeln zu politischen Schlagwörtern, sondern führt auch zur Einschränkung der möglichen Assoziationsbreite des Schlagwortes selbst. Wird, wie es für die synchrone Koordinate des Analyse-Rasters selbstverständlich erscheint, auch die diachrone Koordinate skaliert, so ist das Problem der Interferenz vor allem zwischen der Rechtssprache, der politischen Sprache und der Sprache der Literatur nicht mehr auszuklammern.

Die Geschichte von »Ruhe und Ordnung« belegte schon im 19. Jahrhundert die Degeneration einer rechtssprachlich präzise definierten Formel zum Schlagwort, dessen Verwendbarkeit in der politischen Auseinandersetzung des Tages durch mangelnde Präzision begründet ist. »Ruhe und Ordnung« wird demnach als Schlüsselparole restaurativen Staatsdenkens – in allen Epochen unserer Geschichte – zu einem Paradigma des Schlagwortgebrauches, da der Formel in ihrer vielfältigen Verwendung jene Kriterien eignen, durch welche Schlagwörter definiert sind: »ihr Wortinhalt <ist> vage, ihr Gebrauch häufig, ihr Reizwert beträchtlich ›positiv oder negativ beschwert‹ (Stevenson, Zimmermann, Badura)«[202]; auch die »hohe soziale Penetranz«, die man den Schlagwörtern zugesprochen hat, ist in dieser speziellen Ausprägung der Formel »Ruhe und Ordnung« deutlich erkennbar.

Zugleich aber wurde deutlich, daß sich in der Bedeutungsentwicklung von »Ruhe und Ordnung« – jedenfalls in der Intention des jeweiligen Sprechers und Schreibers – divergierende Traditionen so hartnäckig behaupten, daß parallele, kaum noch interferierende Überlieferungsstränge belegbar sind. Die Entwicklung der Zentralformel eines aufgeklärten Bürgertums zum antirevolutionär verfestigten Schlagwort einer desorientierten Restauration ist aus den Satiren und der kritischen Schlüssel-Literatur des 19. Jahrhunderts zu erschließen; Metternich selbst hat diese Degeneration kaum wahrgenommen, da er noch in den Briefen nach seinem Rücktritt an der Einbindung von »Ruhe« und »Ordnung« in den Kanon seines politisch-ethischen Wertesystems festhielt. Auch in den Urkunden Metternichscher Politik ist »Ordnung und Ruhe« nicht als Schlagwort, sondern als eine juristisch definierte Sprachprägung zu verstehen, aus der die Töne staatsmännischer Verantwortung, im Sinne der »Revolution von oben«, nicht völlig geschwunden sind. Die Rezeption dieser Urkunden allerdings – und es trennen sich im 19. Jahrhundert Intention und Rezeption in einem bisher kaum vorstellbaren Maße – ist weniger durch den Wortlaut der Verordnungen geprägt, als durch ihre administrative Interpretation.

So spiegelt sich in der Geschichte von »Ruhe, Sicherheit und Ordnung« schon am Ende des 18. und zu Beginn des 19. Jahrhunderts jene unheilvolle Spaltung von Kultur- und Sozialgeschichte in Deutschland, die von den Dichtern mit dem Vokabular der »Zerrissenheit« umschrieben wurde, die sich im Laufe des 19. und noch des 20. Jahrhunderts fast zu einer »Divergenzideologie« deutscher Autoren verfestigte. Die Bedeutungsentwicklung von »Ruhe und Ordnung« belegt die Separierung der literatursprachlichen von der fachsprachlichen und politischen Tradition, die semantische Eigenentwicklung einer nur noch äußerlich identischen Terminologie. Im Denken der Aufklärung war in der engen Verbindung von Rechtsreform, Philosophie und Literatur die Interferenz der Sprach- und Bewußtseinsebenen zumindest erstrebt, punktuell auch erreicht; noch Goethe aber erlebte in der Pervertierung des von ihm bewunderten Rechtstextes zum politischen Schlagwort die Revolutionierung des Rechts- und Staatsdenkens. Er verstand diesen sprachlichen Vorgang als Ausdruck der Spaltung von Intelligenz und Macht in Deutschland. So wandte er sich 1813 verbittert von einem Volke ab, das ihm so achtbar schien im einzelnen und so miserabel im ganzen; in der Wissenschaft und in der Kunst meinte er, Schwingen gefunden zu haben, welche ihn über die peinlichen Gefühle hinwegtrugen, die ihn beim Vergleich des deutschen Volkes mit anderen Völkern befielen.

Die deutschen Autoren der »Goethezeit« benannten also eine in der Sprachverwendung faßbare Divergenz, die noch Thomas Mann, unter Berufung auf Goethe, Hölderlin und Nietzsche, als das »Auseinanderfallen des spekulativen und des gesellschaftlich-politischen Elements menschlicher Energie und der völligen Prävalenz des ersten vor dem zweiten« beschrieben hat[203], eine Spaltung, welche ihm 1945 symptomatisch schien für den Verlauf der deutschen Geschichte. Wenn Karl Kraus beim Vergleich der Sprache Goethes mit dem nationalsozialistischen Pressejargon eine offenkundige Diskrepanz zwischen der deutschen Sprache und der Sprache der Deutschen konstatierte, er also die bekannte Unterscheidung von »langue« und »parole« zu einem Element der Sprachsatire machte, so ist damit nochmals ein Divergenz-Prozeß verdeutlicht, als dessen erstes, historisch faßbares Symptom Friedrich Sengle den deutschen Idealismus bezeichnet hat[204].

Diese Divergenz, die hier lediglich durch die Skizzierung extremer Anwendungsbereiche der Sprache – Literatur und Politik – anschaulich gemacht werden sollte, wurzelt tief. Man hat zahllose Gründe, sozialgeschichtlicher, politischer, innerliterarischer Art genannt, um die Spaltung von »Geist und Gesellschaft« in Deutschland[205] zu erklären. Nur zwei, für die literarische Perspektive des Themas bedeutsame Ursachengruppen sollen hier skizziert werden:

1. Eine Primärursache ist sicher das Scheitern der Idee einer »Revolution von oben«, die rasch fortschreitende Denunzierung des patriarchalischen Fürstenbegriffes in der Enttäuschung über die innenpolitischen Folgen der Freiheitskriege gegen Napoleon. Die Unterdrückung der Verfassungsbewegung äußert sich sprachlich schon in der gleichsam offiziellen Lesart »Befreiungskriege« gegenüber der Hoffnung auf »Freiheitskriege«. Revolutionarismus und Ordnungsprogrammatik verhinderten die Entstehung einer »Staatsbürgergesellschaft«; die Sicherung des Eigentumsbegriffes gegenüber der anschwellenden sozialen Bewegung rückte so in der Restauration entschieden von ihren Grundlagen im Denken der Justizaufklärung ab[206]. Wer immer von den deutschen Autoren die »Zerrissenheit« seines Vaterlandes beklagte, ob Georg Herwegh, Bertolt Brecht, Wolf Biermann oder Günter Grass[207], er meinte die politische Zerrissenheit nicht als Ursache, sondern als Symptom einer inneren Spaltung, welche in der Sprache gespiegelt wird. Nachdem jene das 19. Jahrhundert so faszinierende Idee einer deutschen Einheit durch Kultur und Sprache nicht verwirklicht, das kurzlebige Deutsche Reich – einem Wort Bismarcks folgend – vielmehr durch »Eisen und Blut« geschmiedet wurde, gab es für die Ideologisierung des Deutschland-Begriffes – und mit ihm aller den deutschen Nationalcharakter angeblich prägenden Kriterien – keine Schranke mehr. Aus der historischen Entwicklung von »Ruhe und Ordnung« könnte die zugespitzte und vereinfachte These abgeleitet werden: Weil es »Deutschland« im Sinne einer einheitlichen, staatlichen Existenz der deutschsprachigen Völker und Stämme nie gegeben hat, dieses »Deutschland« vielmehr nur der Sammelbegriff einer Vielzahl disparater staatlicher Einheiten gewesen ist, setzt die deutsche Sprache einer Ideologisierung von Formeln wie »Ruhe und Ordnung«, welche angeblich den deutschen Nationalcharakter prägen, nur geringen Widerstand entgegen.

Der Gedanke einer die Staatsnation überschreitenden, die politischen und staatlichen Organisationsformen verschiedenster Art integrierenden, Kultur- und Sprachnation mündete, im Gefolge der Divergenzvorstellungen, in wilhelminischer Zeit in die Zwei-Deutschland-Theorie, in die bis weit in die Zeit der nationalsozialistischen Herrschaft und die Jahre des Exils der deutschen Kunst diskutierten Vorstellungen eines inneren, geheimen, heiligen, anderen Deutschland gegenüber dem von Staat und Politik repräsentierten Deutschland der »Deutschen«.

So wurde der deutschen Literatur, die durch das 19. Jahrhundert hindurch noch versucht hatte, als Sprachkorrektiv zu wirken, schließlich in esoterischer Isolation und Wirkungslosigkeit die Defizienz der Literatursprache gegenüber der Entwicklung der politischen Sprache und der Standardsprache bewußt, sie repräsentierte eine eigene Sprachtradition, in der sich reale Spaltungen zum Divergenzbewußtsein verformten und dieses sogar literarisch thematisiert wurde.

Günter Grass hat 1966 in seinem viel kritisierten und wenig verstandenen Stück ›Die Plebejer proben den Aufstand‹ eben diese Divergenz zwischen »Geist und Gesellschaft«, zwischen Intelligenz und Arbeiterschaft, ein »deutsches Trauerspiel« genannt[208]. Am Beispiel des Bauarbeiteraufstandes vom 17. Juni 1953 und dem zur Allegorie der Intelligenz stilisierten Verhalten Bertolt Brechts gegenüber den Ereignissen des 17. Juni hat Grass die bloße künstlerische Verwertung politischer Zustände als ästhetizistisch gegeißelt. Diese Art von Ästhetizismus schien ihm ein Grundproblem deutscher Literatur und ihres Verhältnisses zur Gesellschaft zu sein, das sich im angelsächsischen Sprachraum unter dem Einfluß des – von Brecht hier bearbeiteten und damit verfälschten – Shakespeare nicht in gleichem Maße stellte. Wieder ist die Divergenzproblematik als eine Sprachproblematik dargestellt. Der Botenbericht der »Friseuse« von den Ereignissen auf der Stalinallee ist in der unregelmäßigen Syntax, der mit Anakoluthen durchsetzten, die Ziel- und Führungslosigkeit des Aufstandes dokumentierenden, Sprache der rebellierenden Bauarbeiter geschrieben:

FRISEUSE *nimmt das Fahnentuch:*
Zerreißen wollt man sie, ich sagte nein!
Und andre mit dem Feuerzeug im Regen.
Doch da sie und nicht brannte, sondern,

hat er sie, weil sie ihm, nur ihm,
sich dreieinhalbmal um den Leib.
Und ist im Kreis, es haben Linsen,
wie er gerannt, gerannt, ein Held!
ihn hundertmal belichtet, weil er ist.[209]

Wenige Augenblicke nach diesem Bericht aber findet die Friseuse im Dialog mit dem »Chef« – »ein Gedicht lang fast« – zu einem Sprechen, welches im Fluß der Jamben die mögliche Einheit von Intention und Rezeption der Literatur, von Intelligenz und Volk, von »Geist und Gesellschaft«, die Annäherung sonst völlig getrennter Sprech- und Denkebenen beschwört:

FRISEUSE:
Ich kenn dich gut.
CHEF: Auch du bist mir nicht neu.
FRISEUSE:
Ich bin Friseuse schon vier' Jahr.
Doch schon mit siebzehn ging ich ins Theater:
Da, – da hab ich gesessen, als hier oben
die Kattrin auf dem Dach saß, stumm, und hat getrommelt,
wie ich jetzt schreie: Panzer kommen!
Los Chef, kriech raus aus deinem Bau:
Laß uns der Welt ein Stück aufsagen!
Das auf der Straße spielt, auf Barrikaden.
Benzin in Flaschen, Gips in Auspuffrohre.
Die Schlitze zugespachtelt, bis sie blind
sich in die Flanken kurven: Schrott
sind alle Panzer, wenn wir beide
Berlin ein Zeichen geben, komm!

Grass hat also nicht ein Anti-Brecht-Stück geschrieben, er hat an einem historischen Fall ein Modell gestaltet, das Modell der Überwindung des 19. Jahrhunderts und seiner die deutsche Geschichte noch immer belastenden – hier in den getrennten Sprechebenen der »Plebejer« und ihres »Chefs« dokumentierten – Divergenzen.

Auch die Problematik des seit 1945 geteilten Deutschland ist in den Themenbereich dieses literarischen Divergenzbewußtseins einbezogen worden, da die als »Teilungsliteratur« zu benennende Gruppe von Texten zur Situation des geteilten Deutschland diese aktuelle Teilung als einen deutschen Zustand beschrieb. Noch Wolf Biermanns Heine-Parodie ›Deutschland. Ein Wintermärchen‹ (1972) weist, schon durch die Quellenwahl, auf diese literarische Tradition:

Mein Vaterland, mein Vaterland
Hat eine Hand aus Feuer
Hat eine Hand aus Schnee
Und wenn wir uns umarmen
Dann tut das Herz mir weh

Ich hab gesehn zwei Menschen stehn
Die hielten sich umfangen
Am Brandenburger Tor
Es waren zwei Königskinder
Das Lied geht durch mein Ohr[210] –

2. Wie auf der Seite des Staates und der sich emanzipierenden Administration zu Beginn des 19. Jahrhunderts die grundsätzlich erkenntniskritische, sprach- und bewußtseinserneuernde Funktion von Literatur unbegriffen blieb und die Zensurpraxis sich stetig verschärfte, so haben die deutschen Autoren selbst den gravierenden Funktionswandel von Literatur im Zeitalter beginnender Industrialisierung erst spät erkannt und damit ihrerseits zur Vertiefung der Divergenzen beigetragen. Bedeutungs- und Funktionswandel der Literatur in der Zeit, in der das Alterswerk Goethes esoterisch isoliert wurde, die Romantik vergeblich um Publikumsresonanz kämpfte und die frühliberalen Autoren die Grundlagen des modernen Journalismus schufen, ist nicht nur durch die verbilligten Methoden der Papierherstellung, nicht nur durch die Erfindung der Schnellpresse und die anderen technischen Erleichterungen der Literaturproduktion beeinflußt, sondern vor allem durch den entscheidenden Wandel der Publikumsstrukturen. In Preußen begann sich um die Wende vom 18. zum 19. Jahrhundert der frühzeitig eingeführte Schulzwang erstmals auszuwirken, es änderte sich mit der Quantität des lesenden, zumindest lesefähigen Publikums entscheidend auch dessen Qualität. In die Hallen der Literatur strömte eine von Bildungs- und Verstehenstraditionen unbelastete Leserschaft, die andere Lesebedürfnisse entwickelte als sie noch die Lesergemeinde etwa der frühromantischen Literatur hatte; es entstand der in Joseph von Eichendorffs Satiren beschriebene literarische Betrieb.

Friedrich Schlegels arabesker Roman ›Lucinde‹ (1799) und

Friedrich Schleiermachers ›Vertraute Briefe‹ darüber (1800) erregten zum Zeitpunkt ihres Erscheinens Aufsehen und Skandal nur in dem relativ engen Kreis der »denkenden Klasse«. Als Schleiermachers ›Vertraute Briefe‹ 1835 mit einer Vorrede von Karl Gutzkow erneut erschienen, weitete sich der Skandal so aus, daß die Zensur einschritt. Das Bemühen der frühliberalen Literatur – Gutzkow gehörte zu ihr –, »in belletristischen, für alle Klassen von Lesern zugänglichen Schriften« zu sprechen[211], erst ließ sie, im Zusammenhang mit der Änderung der Leserstrukturen, unmittelbar politisch gefährlich erscheinen. Sie erreichte offenkundig jenes von schriftlichen Traditionen noch nicht erfaßte Publikum, dem die besondere Aufmerksamkeit der von Revolutionsangst gepeinigten Behörden galt. Im Gutachten des preußischen Oberzensurkollegiums über Heinrich Heines ›Salon‹ heißt es demnach:

> Die Schmähungen gegen die Religion <. . .> sind keineswegs neu und originell. Neu dagegen, wenigstens in Deutschland, ist das Herunterziehen dieser Materien auf das belletristische Gebiet, wo das, was früher höchstens einem engeren Kreis wissenschaftlicher Leser bekannt war, jetzt vor das Forum jener unermeßlichen Menge gebracht wird, die in Deutschland zur Unterhaltung liest; <. . .>[212]

Als Clemens Brentano 1801/1802 seinen in der Nachfolge Wilhelm Heinses stehenden Roman ›Godwi‹ erscheinen ließ, blieben Empörung und Gelächter auf den kleinen Kreis der Jenaer »ästhetischen Kirche« beschränkt; Friedrich Schlegel soll in das ihm übersandte Exemplar des Buches das Distichon geschrieben haben:

> Hundert Prügel vorn A . . . die wären dir redlich zu gönnen,
> Fr<iedrich> Schl<egel> bezeugts, andre Vortrefliche auch.[213]

Nach 1817 aber weigerte sich der Autor des ›Godwi‹ – nicht nur aus religiösen Skrupeln – standhaft, einer Neuauflage des Romans zuzustimmen: die qualitative Veränderung der Publikumsstruktur hatte völlig veränderte Rezeptions- und Verstehenssituationen geschaffen.

Die Bewegung der hier zu beobachtenden Divergenz ist seit den ersten Jahrzehnten des 19. Jahrhunderts scherenartig verlaufen. Sie potenzierte sich gegen Ende des Jahrhunderts unter dem Einfluß Nietzsches und erreichte ihren Höhepunkt unzweifelhaft in den zwanziger Jahren unseres Jahrhunderts.

Es gehörte zu den tragischen, aber auch charakteristischen Ereignissen dieser Jahre, daß Thomas Manns Rede ›Von deutscher Republik‹ (1922), die nicht nur die Überwindung der Divergenz von Staat und Kultur zum Thema hat, die nicht nur die persönliche Vorleistung des Autors zur Überwindung der Spaltung bezeugt, sondern auch in der sprachlichen Bewegung und dem kunstvoll versteckten Zitatgerüst die Einheit von Kultur und Staat zu vollziehen sucht[214], das prägnanteste Beispiel der Divergenz von »Geist und Gesellschaft« geworden ist. Thomas Mann, der im Berliner Beethovensaal sprach, und versteckt auch Beethovens ›Neunte Symphonie‹ zitierte, hatte um solch stilistisch-ironischer Effekte willen die von ihm erwarteten Publikumsreaktionen schriftlich vorformuliert. Als er die Rede, mit all ihren Anspielungen auf die Haltung der Zuhörerschaft, verlas, ergab sich daraus ein groteskes Mißverhältnis zwischen der Erwartung des Redners und der Reaktion seines Publikums:

> Das war, so gut der Aufsatz sei, im Verhältnis zum Erwarteten eine etwas papierene, mittelbare, vom Bürstenabzug mehr als von der Persönlichkeit uns zuströmende Sache. Noch dazu, wenn der Aufsatz für diesen Fall unglücklicherweise mit der Form eines Vortrags spielt, auf fingierte Begleitumstände und Zwischenäußerungen eines vorgestellten Publikums Bezug nimmt und antwortet, von denen beim wirklich anwesenden Publikum gar nicht die Rede ist. »Zornige Freunde!« Wo doch kein Mensch zürnte. »Ich höre Scharren.« Wo doch keine Katze scharrt. »Es wird Stille im Saal; ich bin dieser Stille etwas schuldig.« Wo doch gar nichts im Saal sich änderte. <...>[215]

Eben jene Rede also, welche die Isolation des Dichters durchbrechen sollte, welche den Dichter Gerhart Hauptmann zum patriarchalischen Repräsentanten der Republik machte, welche in der Überwindung der Divergenzen die »deutsche« Revolution vollenden sollte, geriet zum Exempel getrennter Traditionen und unüberbrückbarer Gegensätze, blieb – im besten Falle – »Literatengespräch«, Dialog zwischen Dichtern.

Die Nationalsozialisten haben – getreu ihrem von Karl Kraus entworfenen Porträt – lediglich handelnd ausgeführt, was längst vorgedacht und vorentschieden war. Die Divergenzproblematik in Deutschland wurde zu einer entscheidenden, ideologischen Komponente der Vertreibungspolitik des Dritten Reiches. In der Rede zur Eröffnung der Reichskulturkammer hat Joseph Goebbels programmatisch auf diese Grundlage seiner »Kulturpolitik« hingewiesen: »Eine Kunst, die sich vom Volke trennt, hat kein Recht, sich darüber zu wundern, daß das Volk sich von ihr trennt.«[216] Die Massenvertreibung deutscher Dichter und Künstler aus ihrem Vaterland war die Konsequenz einer Entscheidung des deutschen Volkes, die Kurt Tucholsky schon 1932 gefallen sah: »Wenn wir zur Macht gelangen, schaffen wir Goethe ab.«[217]

Während sich die DDR rühmt, den Macht-Geist-Gegensatz »mit der revolutionären Eroberung der Staatsmacht mit seinen Wurzeln beseitigt zu haben«[218] – ihre Literatur weiß es anders und besser –, dauert die literarische Diskussion um fach-, literatur- und politiksprachliche Eigenentwicklungen in der Bundesrepublik unvermindert an. Das geschärfte Bewußtsein von der Gefahr divergierender Sprachtraditionen hat nicht nur zur Thematisierung dieser Problematik in der Literatur, sondern auch zu einem Dialog zwischen Autoren und Politikern geführt, wie er an kaum einer Stelle der deutschen Geschichte innerhalb des hier überblickten Zeitraumes möglich gewesen wäre. So berief sich 1972 Heinrich Böll, bei der Auseinandersetzung mit dem nordrhein-westfälischen Justizminister Diether Posser um den Fall Baader-Meinhof, auf den Beruf des Schriftstellers und das Recht der Literatur zu sprachlichen Eigentraditionen:

> Ich bin Schriftsteller, und die Worte »verfolgt«, »Gnade«, »Kriminalität« haben für mich andere Dimensionen, als sie notwendigerweise für einen Beamten, Juristen, Minister und auch für Polizeibeamte haben. <. . .> Ich gebe gern zu, daß ich das Wort »verfolgt« nicht mit dem juristischen Terminus »gesucht« gleichzusetzen vermag, daß ich es auch existentiell und mit einem Anhauch von Metaphysik verwende <. . .>[219]

Hier wird nicht mehr die Pragmatik der Divergenz angesprochen, es wird die Interferenz von Literatursprache und Sprache der Politik als Zielvorstellung definiert, wobei Heinrich Böll erkennt, daß die sprachlichen Divergenzen nur Ausdruck und Teilaspekt von umfassenderen Spaltungen sind, welche die neuzeitliche deutsche Geschichte durchziehen:

> Recht, Gesetz, Politik, Theologie, Literatur haben eines gemeinsam: sie werden mit Worten gemacht. Es ist unvermeidlich, daß sich diese

verschiedenen Wortbereiche aneinander reiben, daß sie einander kontrollieren und sich miteinander konfrontieren. Daran sind nicht nur »Emotionen« schuld, auch geistesgeschichtliche und intellektuelle Unterschiede. Ich bin sicher, daß eine neue Altersgruppe von Juristen peinlich auf die Einhaltung der Rechtsstaatlichkeit achtet, aber auch sie wissen, daß eine düstere Rechtsvergangenheit in unsere Rechtsgegenwart hineinragt.

MATERIALIEN

Chronologisches Verzeichnis zitierter Texte

(Als Ergänzung zu der aus Raumgründen sehr schmalen Text-Anthologie folgt hier ein Verzeichnis all der zitierten, umfangreicheren Texte, deren Auslegung – zumindest teilweise – unter dem Aspekt prävalenter Ruhe- oder Ordnungsthematik möglich ist.)

1 Christian Fürchtegott Gellert, Morgengesang, in: Gellerts Dichtungen. Hrsg. von A. Schullerus, Leipzig und Wien o. J., S. 246ff.

2 Christian Friedrich Sintenis, Hallo's glücklicher Abend, Zweiter Theil. Zweite Auflage, Leipzig 1785.

3 Christoph Martin Wieland, Kosmopolitische Addresse an die Französische Nationalversammlung, von Eleutherius Filoceltes, in: C. M. Wielands sämmtliche Werke, Bd. 41. Hrsg. von J. G. Gruber, Leipzig 1822.

4 Johann Wolfgang Goethe, Egmont. Ein Trauerspiel in fünf Aufzügen, in: HA, Bd. 4.

5 ders., Aus meinem Leben. Dichtung und Wahrheit. Erster Teil. Viertes Buch, in: HA, Bd. 9.

6 Heinrich von Kleist, Prinz Friedrich von Homburg. Ein Schauspiel, in: Heinrich von Kleist, Sämtliche Werke und Briefe. Bd. 1. Hrsg. von Helmut Sembdner, München 1965.

7 Jakob Baxa, Der Tiroler Aufstand im Dezember 1813. (Nach den Akten des Bayerischen Geheimen Staatsarchivs in München), in: Der Schlern. Illustrierte Monatshefte für Heimat- und Volkskunde 44, 1970.

8 Joseph von Eichendorff, Krieg den Philistern. Dramatisches Märchen in fünf Abenteuern, in: ders., Neue Gesamtausgabe der Werke und Schriften in vier Bänden. Hrsg. von Gerhard Baumann in Verbindung mit Siegfried Grosse, Bd. 1, Stuttgart o. J.

9 ders., Libertas und ihre Freier. Ein Märchen, ebd. Bd. 2.

10 Karl Marx, Die Bourgeoisie und die Konterrevolution (III), in: Karl Marx / Friedrich Engels, Die Revolution von 1848. Auswahl aus der ›Neuen Rheinischen Zeitung‹, Berlin 1955.

11 Franz Grillparzer, Der arme Spielmann, in: ders., Werke, Bd. 2. Hrsg. von Franz Rowas. Mit einem Nachwort von Curt Hohoff, München 1950.
12 Willibald Alexis, Ruhe ist die erste Bürgerpflicht. Vaterländischer Roman, Berlin 1852.
13 Gustav Pfizer, Ordnung und Recht, in: Die Zukunft. Hrsg. Maximilian Harden, Bd. 24, Berlin 1898, S. 101ff.
14 Kurt Tucholsky, Verbotene Filme, in: Werke 1, S. 89ff.
15 ders., Abreißkalender, in: Werke 2, S. 285ff.
16 ders., Herr Wendriner in Paris, in: Werke 2, S. 433ff.
17 ders., Ein Deutschlandbuch, in: Werke 3, S. 532ff.
18 ders., Herr Wendriner steht unter der Diktatur, in: Werke 3, S. 547ff.
19 Verhandlungen des Reichstags. 1. Wahlperiode 1920. Bd. 346. Stenographische Berichte, Berlin 1921, 51. Sitzung: 19. Januar 1921; Bd. 350. Stenographische Berichte, Berlin 1921, 116. und 117. Sitzung: 17. und 18. Juni 1921.
20 Hans Franck, Geschlagen! Deutsche Tragödie in sieben Stationen, Stuttgart und Heilbronn 1923.
21 Ernst Ottwalt, Ruhe und Ordnung. Roman aus dem Leben der nationalgesinnten Jugend, Neudruck: Amsterdam 1972.
22 Carl Zuckmayer, Der Hauptmann von Köpenick. Ein deutsches Märchen in drei Akten, Frankfurt am Main 1974 (Fischer Taschenbuch Nr. 7002).
23 Stefan Zweig, Die schweigsame Frau. Komische Oper in drei Aufzügen. Frei nach Ben Jonson, Mainz und London 1935.
24 Bertolt Brecht, Flüchtlingsgespräche: I Über Pässe / Über die Ebenbürtigkeit von Bier und Zigarre / Über die Ordnungsliebe, in: Brecht, Werke, Bd. 14.

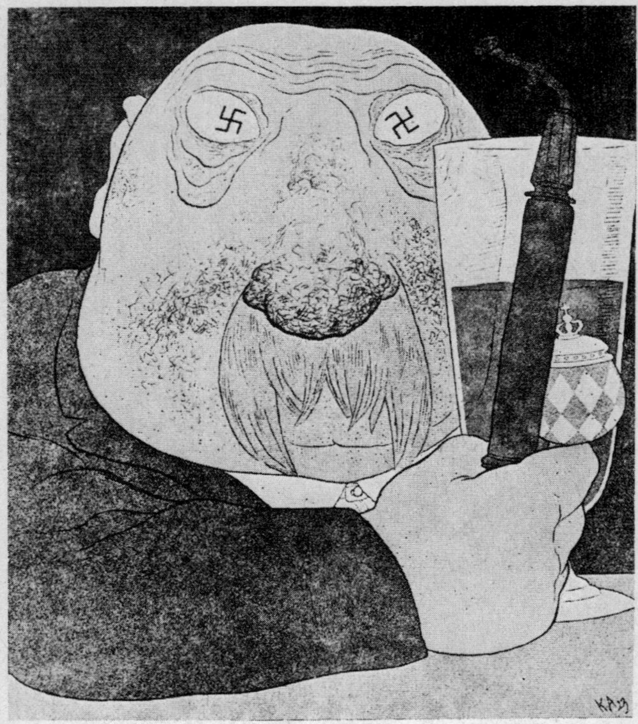

Diese Karikatur Karl Arnolds bildet das Titelblatt des ›Simplicissimus‹ (28. Jahrgang, Nr. 36, München, 3. Dezember 1923). Sie hat die Überschrift »Der Münchner«, darunter stehen die oben S. 134 zitierten Verse.

Der ehemalige konservative Premierminister Edward Heath in einer britischen Karikatur. Vgl. Publik, Nr. 31, 31. Juli 1970, S. 21.

Anmerkungen

1 Tucholsky, Werke 1, S. 89: ›Verbotene Filme‹.

2 Conrad / Kleinheyer, S. XXI.

3 Svarez, Zusammenfassung mündlicher Vorträge über Allgemeines Staatsrecht; Conrad / Kleinheyer, S. 69f.

4 Svarez, Über das Recht der Polizei; Conrad / Kleinheyer, S. 39,38. Das nachfolgende Zitat ebd. S. 38.

5 Svarez, Zusammenfassung mündlicher Vorträge über Allgemeines Staatsrecht; Conrad / Kleinheyer, S. 65.

6 Ebd. S. 67.

7 Die Türken vor Wien in Augenzeugenberichten. Hrsg. und eingeleitet von Walter Sturminger, Düsseldorf 1968, S. 19.

8 Johann Christian Lünig, Großer Herren, vornehmer Ministren und anderer berühmten Männer gehaltene Reden, Bd. 2, Leipzig 1719, S. 974. Zitiert bei Sturminger (s. Anm. 7) S. 52. Lünig (1662–1740) war Stadtschreiber in Leipzig.

9 Clemens Brentano, Die Barmherzigen Schwestern in Bezug auf Armen- und Krankenpflege. Nebst einem Bericht über das Bürgerhospital in Coblenz und erläuternden Beilagen, in: Clemens Brentano, Religiöse Schriften I, hrsg. von Wilhelm Oehl und Carl Schüddekopf, München und Leipzig 1912 (Clemens Brentanos Sämtliche Werke Bd. XIV, 1), S. 25.

10 Der Zustand der Natur »und der natürlichen Gleichheit« ist, nach Svarez (Conrad / Kleinheyer, S. 64), »ein Zustand der Unruhe und Verwirrung <. . .>, in welchem keine Sicherheit des Eigentums und der Rechte, kein ungestörter Genuß der natürlichen Freiheit, keine Ausbildung und Veredlung unserer Natur, folglich keine wahre Glückseligkeit stattfinden kann«. Rechtssicherheit und Sicherheit des Eigentums sind die ständig wiederkehrenden Formeln des Staatszweckes bei Carl Gottlieb Svarez.

11 »Durch diese Unvollkommenheiten des Naturzustandes sind die Menschen veranlaßt worden, aus demselben herauszutreten und unter einem gemeinschaftlichen Oberhaupt bürgerliche Gesellschaften zu errichten, die wir mit dem Namen *Staat* bezeichnen.« (Conrad / Kleinheyer, S. 64); zur Nachahmung der Gottheit vgl. ebd. S. 69.

12 Vgl. Gellerts Dichtungen. Hrsg. von A. Schullerus. Kritisch durchgesehene und erläuterte Ausgabe, Leipzig und Wien o. J., S. 366–374: ›Gellerts Unterredung mit Friedrich dem Großen‹. Zu Gellerts Repräsentation des gebildeten Bürgertums seiner Zeit vgl. das Urteil des jungen Goethe: »An Gellert, die Tugend und die Religion glauben, ist bei unserm Publiko beinahe eins.« (Zitiert bei Schullerus, S. 25, Einleitung.)

13 Schullerus (s. Anm. 12), S. 246f.

14 Svarez, Zusammenfassung mündlicher Vorträge über Allgemeines Staatsrecht; Conrad / Kleinheyer, S. 68.

15 Ernst Rieman-Georgi, Berliner Stimmungsbild <vom 8. Januar 1919> in: Münchner Neueste Nachrichten, 12. Januar 1919, Nr. 17.

16 Egmont. HA, Bd. 4. Textkritisch durchgesehen und mit Anmerkungen versehen von Wolfgang Kayser, Hamburg 1958, S. 376f.

17 Wolfgang Kayser, in: HA, Bd. 4, S. 590.

18 Moses Mendelssohn, Ueber die Frage: was heißt aufklären?, in: Berlinische Monatsschrift 1784; Text bei: Hinske, S. 447.

19 Immanuel Kant, Beantwortung der Frage: Was ist Aufklärung?, in: Berlinische Monatsschrift 1784; Text bei: Hinske, S. 462.

20 Johann Wolfgang Goethe, Aus meinem Leben. Dichtung und Wahrheit. Erster Teil. Viertes Buch, in: HA, Bd. 9, S. 150.

21 Ernst Beutler, Die Kindsmörderin, in: ders., Essays um Goethe. Vierte, vermehrte Auflage, Bd. 1, Wiesbaden 1948, S. 100.

22 Beutler (s. Anm. 21) S. 114. Zum Eindruck, welche die Strafe der Enthauptung – »nicht bloß die leichteste und kürzeste, sondern auch zugleich eine der weisesten und zweckmäßigsten Strafen, die man nur je auf schwere Verbrechen gesetzt hat« (Christoph Meiners, 1784) – auf die Zeitgenossen machte, vgl. Christoph Meiners, Betrachtungen über die Hinrichtung mit dem Schwerdte, in: Berlinische Monatsschrift 1784, Text bei: Hinske, S. 65–79. Zitat S. 67.

23 Erich Trunz in: HA, Bd. 7, S. 620.

24 Braubach, S. 2.

25 Wolfgang Schieder (Kirche und Revolution. Sozialgeschichtliche Aspekte der Trierer Wallfahrt von 1844, in: Archiv für Sozialgeschichte 14, 1974, S. 443) bezeichnet »Ruhe und Ordnung« als eine »der Standardformeln der restaurativen Herrschaftsideologie <. . .>, ja man könnte sie geradezu als Gegenformel zur revolutionären Trias von ›Freiheit, Gleichheit, Brüderlichkeit‹ bezeichnen«.

26 Braubach, S. 32.

27 Koselleck, S. 145; die nachfolgenden Zitate ebd. S. 145.

28 Novalis, Glauben und Liebe oder Der König und die Königin, in: Novalis, Schriften. Zweiter Band. Das philosophische Werk I. Hrsg. von Richard Samuel in Zusammenarbeit mit Hans-Joachim Mähl und Gerhard Schulz, Stuttgart 1960, S. 498.

29 Novalis (s. Anm. 28) S. 490.

30 Ebd. S. 492.

31 Ebd. S. 493; zum Unmut des preußischen Königs vgl. Richard Samuels Einleitung ebd. S. 479.

32 Vgl. dazu Koselleck, S. 29; Conrad / Kleinheyer, S. 609; Novalis (s. Anm. 28) S. 495.

33 Heinrich von Kleist, Prinz Friedrich von Homburg, in: Heinrich von Kleist, Sämtliche Werke und Briefe. Bd. 1, hrsg. von Helmut Sembdner, München 1965, S. 680 (Vers 1121).

34 Auch die Familie des Kurfürsten, in die der Prinz schließlich aufgenommen wird, ist als Bild der romantischen Idealgemeinschaft aufzufassen.

35 Kleist (s. Anm. 33) S. 680 (Verse 1125–1130).

36 Ebd. S. 707f. (Verse 1840ff.).

37 Arthur Henkel, Traum und Gesetz in Kleists ›Prinz von Homburg‹, in: Die Neue Rundschau 73, 1962, S. 462.

38 Kleist (s. Anm. 33) S. 708.

39 Vgl. dazu Henkel (s. Anm. 37) S. 444. Henkel deutet die hier interpretierte Szene als »zarte Geste der Zerstreutheit« (S. 462). Brechts Sonett ›Über Kleists Stück »Der Prinz von Homburg«‹ in: Brecht, Werke 9, S. 612f. – Es ist jedenfalls deutlich geworden, wie verfehlt es ist, für Kleist Positionen der Französischen Revolution in Anspruch zu nehmen (vgl. etwa Ralph Gätke, Manfred Richter, Günter Ulrich, Zur Wirkungsgeschichte von Kleists ›Prinz von Homburg‹, in: Die Horen 16. Jahrgang, Ausgabe 84, 1971, S. 39ff.). Bei Kleist wird ein »preußisches« Thema dargestellt, die romantisch gebrochene Problematik der deutschen Justizaufklärung. Den Zeitgegensatz von »Mensch« und »Bürger« hat Kleist als den Gegensatz von »Mensch« und »Offizier« erlebt (vgl. Kleist, Anm. 33, Bd. 2, S. 479; Brief an Christian Ernst Martini vom 19. März 1799).

40 Vgl. dazu Arno Paul, Aggressive Tendenzen des Theaterpublikums. Eine strukturell-funktionale Untersuchung über den sog. Theaterskandal anhand der Sozialverhältnisse der Goethezeit, Diss. München 1969, S. 89. Das Zitat aus: Johann Friedrich Schützes ›Hamburgischer Theatergeschichte‹, Hamburg 1794, S. 568.

41 Geflügelte Worte. Der Zitatenschatz des deutschen Volkes gesammelt und erläutert von Georg Büchmann <. . .> 32. Auflage, vollständig neu bearbeitet von Gunther Haupt und Winfried Hofmann, Berlin 1972, S. 701.

42 Vgl. Joseph von Eichendorffs Satire ›Libertas und ihre Freier‹ (1848) und Willibald Alexis' Roman ›Ruhe ist die erste Bürgerpflicht‹ (1852).

43 Ruhe ist die erste Bürgerpflicht. Vaterländischer Roman von Willibald Alexis. 4. Auflage, Berlin o. J., S. 766.

44 Jakob Baxa, Der Tiroler Aufstand im Dezember 1813. (Nach den Akten des Bayerischen Geheimen Staatsarchivs in München), in: Der Schlern. Illustrierte Monatshefte für Heimat- und Volkskunde, 44, 1970, S. 465–467.
45 Joseph Görres, Die Wallfahrt nach Trier, Regensburg 1845, S. 152.
46 Vgl. im Textteil dieses Bandes die Nummer I, 4 a.
47 Quellen zum Staatsrecht, S. 51. Vorspruch zu den geheimen Beschlüssen der Wiener Ministerkonferenz von 1834.
48 Schieder, S. 113.
49 Ekkart Sauser, Die Zillertaler Inklinanten und ihre Ausweisung im Jahre 1837, Diss. Innsbruck 1959, S. 102.
50 Karl Adolf Menzel, Neuere Geschichte der Deutschen von der Reformation bis zur Bundes-Acte. Bd. 12,1: Die Zeit Friedrichs II. und Josephs II., Breslau 1847, S. 401 Anm.
51 Vgl. dazu den Abschnitt ›Wirkungen des Ordnungs-Versprechens‹.
52 Wolfgang Schieder (s. Anm. 25) S. 443.
53 Ebd. S. 443. Wolfgang Schieder zitiert aus ungedrucktem Archivmaterial.
54 Ebd. S. 444. Zur Ordnungsthematik in der Publizistik anläßlich der Trierer Heilig-Rock-Wallfahrt 1844 vgl. auch Wolfgang Frühwald, Die Wallfahrt nach Trier. Zur historischen Einordnung einer Streitschrift von Joseph Görres, in: Verführung zur Geschichte. Festschrift zum 500. Jahrestag der Eröffnung einer Universität in Trier, Trier 1973, S. 374 ff.
55 Friedrich Sengle, Biedermeierzeit. Deutsche Literatur im Spannungsfeld zwischen Restauration und Revolution 1815–1848, Bd. I, Stuttgart 1971, S. 64. Vgl. dazu den ganzen Abschnitt Sengles über den »Allgemeinen Ordnungsbegriff trotz verschiedener Inhalte«.
56 Vgl. im Textteil dieses Bandes die Nummer I, 7 a.
57 Joseph von Eichendorff, Geschichte der poetischen Literatur Deutschlands, in: ders., Neue Gesamtausgabe der Werke und Schriften in vier Bänden. Hrsg. von Gerhard Baumann in Verbindung mit Siegfried Grosse, Bd. 4, Stuttgart 1958, S. 408.
58 Vgl. dazu Theodor Schieders wegweisenden Aufsatz: Das Problem der Revolution im 19. Jahrhundert, zuerst in: Historische Zeitschrift 170, 1950, S. 237.
59 Ebd. S. 244.
60 Vgl. Handbuch der bayerischen Geschichte. Bd. 4: Das neue Bayern 1800–1970. Hrsg. von Max Spindler, Erster Teilband, München 1974, S. 175 ff.
61 Briefwechsel zwischen Ludwig I. von Bayern und Eduard von

Schenk 1823–1841. Eingeleitet und hrsg. von Max Spindler, München 1930, S. 237. Brief Eduard von Schenks an Ludwig I. vom 20. Oktober 1832.

62 Carl Theodor Heigel, Ludwig I. König von Bayern, Leipzig 1872, S. 141.

63 Theodor Schieder (s. Anm. 58) S. 247.

64 Geflügelte Worte <. . .> gesammelt und erläutert von Georg Büchmann <. . .> 30. Auflage, neubearbeitet, ergänzt, verbessert und bis in die Gegenwart fortgeführt von Werner Rust und Gunther Haupt, Berlin 1961, S. 688f.

65 Der Mord an Rosa Luxemburg und Karl Liebknecht. Dokumentation eines politischen Verbrechens. Hrsg. von Elisabeth Hannover-Drück und Heinrich Hannover, Frankfurt am Main 1967 (edition suhrkamp 233), S. 31.

66 Pierre Brochon (Hrsg.), La chanson française (II): Le pamphlet du pauvre. Du socialisme utopique à la révolution de 1848, Paris 1957, S. 130 Anm. 1.

67 E. T. A. Hoffmann, Lebensansichten des Katers Murr, in: ders., Poetische Werke, Bd. 5, Berlin 1958, S. 139: »Vorwort. Unterdrücktes des Autors«.

68 Joseph Adam, Clemens Brentanos Emmerick-Erlebnis. Bindung und Abenteuer, Freiburg 1956, S. 135. Zitat aus Brentanos unveröffentlichten Aufzeichnungen im westfälischen Dülmen.

69 Vgl. Goethes ›Faust‹: die Szene ›Vor dem Tor‹ und das Gespräch der Bürger.

70 Eichendorff (s. Anm. 57) Bd. 1, S. 532. Zitat aus ›Krieg den Philistern‹, 1. Abenteuer.

71 Vgl. im Textteil dieses Bandes die Nummer I,3b.

72 So lautet § 1 II 17 ALR. Im ALR handelt der ›Siebenzehnte Titel‹ »Von den Rechten und Pflichten des Staats zum besondern Schutz seiner Unterthanen«.

73 Adalbert Stifter, Über unsere gegenwärtige Lage und unsere sittliche Verbesserung (1849), in: ders., Gesammelte Werke im Insel-Verlag, Bd. 6, Frankfurt am Main 1959, S. 318.

74 Goethe, Campagne in Frankreich, in: HA, Bd. 10, S. 317.

75 Vgl. dazu die unter den »Erläuterungen« zu Text I,6 abgedruckten Belege aus Ladendorf, S. 79f.

76 Nach Büchmann ist dies eine Schlagwortbildung aus Friedrich Schillers »Ruhe eines Kirchhofs«.

77 Briefe aus dem Nachlaß Wilhelm Wackernagels. Hrsg. und erläutert von Albert Leitzmann, Leipzig 1916, S. 83.

78 Alexis (s. Anm. 43) S. 763f.

79 Karl Marx, Die Bourgeoisie und die Konterrevolution (III), in: Karl Marx/Friedrich Engels, Die Revolution von 1848. Auswahl

aus der ›Neuen Rheinischen Zeitung‹, Berlin 1955, S. 256 bis 258.

80 Zitat aus Heinrich Hoffmanns ›Der Heulerspiegel‹ (s. im Textteil dieses Bandes die Nummer I,6), S. 7.

81 Hoffmann (s. Anm. 80) S. 7.

82 Clemens Brentano, Das bittere Leiden unsers Herrn Jesu Christi (s. im Textteil dieses Bandes die Nummer I,5) S. 326.

83 Karl Kraus, Dritte Walpurgisnacht (s. im Textteil dieses Bandes die Nummer II,8) S. 131.

84 Vgl. dazu Friedrich Sengle (s. Anm. 55) S. 71, der sich auf Benno von Wiese beruft.

85 Stifter (s. Anm. 73) S. 321ff.

86 Franz Grillparzer, Der arme Spielmann, in: ders., Werke, Bd. 2, hrsg. von Franz Rowas. Mit einem Nachwort von Curt Hohoff, München 1950, S. 372.

87 Ebd. S. 367.

88 Ebd. S. 368.

89 Stifter (s. Anm. 73) S. 321.

90 Briefe Feuchterslebens an Zauper. Mit Einleitung und Anmerkungen. Mitgeteilt von Franz Ilwof, in: Jahrbuch der Grillparzer-Gesellschaft. Hrsg. von Karl Glossy 15, 1905, S. 306. Vgl. auch die Zitate bei Adalbert Schmidt, Dichtung und Dichter Österreichs im 19. und 20. Jahrhundert. Bd. 1, Salzburg / Stuttgart 1964, S. 26f.

91 Jeremias Gotthelf, Die schwarze Spinne, in: Jeremias Gotthelfs Werke in zwanzig Bänden. Hrsg. von Walter Muschg, Bd. 17, Basel 1952, S. 265.

92 Entscheidungen des Königlichen Oberverwaltungsgerichts, hrsg. von Jebens, v. Meyeren und Jacobi, Bd. 6, Berlin 1880, S. 350f.

93 Vgl.: Entscheidungen des Königlichen Oberverwaltungsgerichts (s. Anm. 92) Bd. 9, Berlin 1883, S. 374ff.; vgl. auch Drews/Wacke, S. 6f.

94 Vgl. Trübner, Bd. 5, S. 475: die Zitate aus Clara Viebigs ›Wacht am Rhein‹ (1905).

95 Zu den »Ordnungsparteien« vgl. Gustav Pfizer, Ordnung und Recht, in: Die Zukunft. Hrsg. Maximilian Harden, Bd. 24, Berlin 1898, S. 101–105. Zum »status quo«, als einem Terminus der Metternich-Zeit, vgl. Grillparzer (s. Anm. 86) S. 358: »Endlich, wie denn in dieser Welt jedes noch so hartnäckige Stehenbleiben doch nur ein unvermerktes Weiterrücken ist, erscheint auch diesem status quo ein Hoffnungsstrahl.«

96 Vgl. Drews / Wacke, S. 24. Weitere fachsprachliche Abwandlungen der Formel des ALR ebd. S. 25–31.

97 Gustav Radbruch, Rechtsphilosophie. Vierte Auflage, nach dem Tode des Verfassers besorgt und biographisch eingeleitet von D. Dr. Erik Wolf, Stuttgart 1950, S. 179f.

98 Abdruck des Plakates in: Informationen zur politischen Bildung, Folge 109–110 (Die Weimarer Republik), Neudruck 1968, S. 4.

99 Zitat ebd.

100 Aufruf des Arbeiter-, Soldaten- und Bauernrates in: Münchner Neueste Nachrichten, 8. November 1918, Nr. 565.

101 Vgl. Münchner Neueste Nachrichten, 7. November 1918, Nr. 563; 8. November 1918, Nr. 565; 10. Januar 1919, Nr. 13; 25. Januar 1919, Nr. 42.

102 Zur Überraschungsstrategie zumal der bayerischen Revolution vgl. Kurt Eisners Rede vor dem Bayerischen Nationalrat am 8. November 1918 und die Anm. 20 in: Frühwald, Kunst als Tat und Leben (s. Erläuterungen zu Text II,1, oben S. 73).

103 Marianne Weber, Lebenserinnerungen, Bremen 1948, S. 80f.

104 Luise Kautsky, Rosa Luxemburg. Ein Gedenkbuch, Berlin 1929, S. 47.

105 Vgl. den in Anm. 65 nachgewiesenen Aufsatz von Rosa Luxemburg: ›Ordnung herrscht in Berlin‹. Zur Parole des Marschalls Sebastiani vgl. auch Gustav Pfizer (s. Anm. 95): »Nicht die Sorge um die Macht des Reiches nach außen, nicht die Sorge um die freiheitliche Entwickelung des Reiches nach innen ist es in den meisten Fällen, die die gegen die Sozialdemokratie verbündeten Parteien zusammengeführt hat, sondern die Sorge um die ›Ordnung‹, d. h. die Sorge um ihren Besitz an Hab und Gut und an politischer Macht. ›L'ordre règne à Varsovie,‹ verkündete Marschall Sebastiani der französischen Kammer, als im Jahr 1831 die Russen in blutigem Kampf Warschau erstürmt hatten, und die ›Ordnung‹ können die bürgerlichen Parteien dadurch aufrechterhalten, daß sie, zusammenstehend, die Sozialdemokraten auf den Kopf schlagen.«

106 Maximilian Harden, Von Versailles nach Versailles, Hellerau und Dresden 1927, S. 638: »Ruhe und Ordnung sind nicht immer nur dem Philister gute Dinge; <. . .>«

107 Vgl. im Textteil dieses Bandes die Nummer II,3.

108 Aus Bayerns schwersten Tagen. Erinnerungen und Betrachtungen aus der Revolutionszeit von Dr. Ernst Müller (Meiningen), Neue Ausgabe, Berlin und Leipzig 1924, S. 26 Anm. 1.

109 Vgl. dazu oben die Erläuterungen zu Text II,2, bes. das dort zitierte Buch Helmut Neubauers.

110 Karl Alexander von Müller, Mars und Venus. Erinnerungen 1914–1919, Stuttgart 1954, S. 305.

111 Vgl. im Textteil dieses Bandes die Nummer II,1.

112 Vgl. dazu oben die Erläuterungen zu Text II,1. Gustav Landauer, Aufruf zum Sozialismus. Revolutionsausgabe. Dritte Auflage, Berlin 1920, S. 157.

113 Vgl. im Textteil dieses Bandes die Nummer II,2 und Tollers ›Briefe aus dem Gefängnis‹ (Amsterdam 1935).

114 Aufruf des Zentralrats der Marine vom 9. Januar 1919, in: Münchner Neueste Nachrichten, 10. Januar 1919, Nr. 13.

115 Vgl. dazu den bei den Erläuterungen zu II,1 abgedruckten Text des Aufrufs.

116 Karl Alexander von Müller (s. Anm. 110) S. 282.

117 Hans Franck, Geschlagen! Deutsche Tragödie in sieben Stationen, Stuttgart / Heilbronn 1923, S. 65.

118 Zu den Proklamationen der Kapp-Tage vgl. bes.: Schulthess' Europäischer Geschichtskalender. Neue Folge, 36. Jahrgang 1920, Teil 1, S. 44–56.

119 Vgl. dazu: Verhandlungen des Reichstags. 1. Wahlperiode 1920, Bd. 346. Stenographische Berichte, Berlin 1921, 51. Sitzung: 19. Januar 1921.

120 Verhandlungen des Reichstags. 1. Wahlperiode 1920, Bd. 350. Stenographische Berichte, Berlin 1921, 116. und 117. Sitzung: 17. und 18. Juni 1921.

121 Ernst Müller-Meiningen (s. Anm. 108) S. 315.

122 Vgl. dazu oben die Erläuterungen zu Nummer II,5.

123 Vgl. Franz Seldtes Vorwort zu: Der Stahlhelm. Bd. 1. Erinnerungen und Bilder aus den Jahren 1918–1933. Hrsg. im Auftrage des Gründers und Bundesführers Franz Seldte, Berlin 1933, S. 18.

124 Ebd. S. 34.

125 Der Pfahl im gesunden Fleisch der deutschen Nation heiße »innen Marxismus und außen Versailles«, meinte Franz Seldte 1931 (ebd. S. 18).

126 Ebd. S. 46f.

127 Ebd. S. 47.

128 Emil Julius Gumbel, Vier Jahre politischer Mord, Berlin 1922, S. 81. Vgl. dazu Toller: »Die einen wurden um der ›Ruhe und Ordnung‹ willen auf der Flucht erschossen, <...>« (Briefe aus dem Gefängnis, Amsterdam 1935, S. 26).

129 Vgl. die Verwendung des Schlagwortes im Drama ›Hinkemann‹ (Toller, S. 422), im ›Schwalbenbuch‹ (Toller, S. 453) und die häufige Verwendung in den ›Briefen aus dem Gefängnis‹.

130 Vgl. im Textteil dieses Bandes die Nummer II,4 und die Erläuterungen dazu.

131 Tucholsky, Werke 2, S. 285f.

132 Vgl. das Vorwort zu Tollers Autobiographie ›Eine Jugend in Deutschland‹ (Toller, S. 27).

133 Vgl. im Textteil dieses Bandes die Nummer II,5b.

134 Hitler, Mein Kampf, Bd. 2, S. 29. Das vorangehende Zitat ebd.

135 Joseph Goebbels, Der Angriff. Aufsätze aus der Kampfzeit, 9. Auflage, München 1941, S. 329. Vgl. dazu auch Werner Maser, Adolf Hitlers ›Mein Kampf‹. Eine kritische Analyse mit kommentierten Auszügen aus dem unheimlichsten Buch unseres Jahrhunderts, München 1969 (Heyne-Sachbuch 122), S. 180, 188.

136 Joseph Goebbels, Die Zeit ohne Beispiel. Reden und Aufsätze aus den Jahren 1939/40/41, München 1941, S. 111f. (Ein paar Worte über politischen Takt, 27. April 1939).

137 Robert Musil, Der Mann ohne Eigenschaften, Hamburg 1956, S. 475f. Vgl. dazu Johannes Kleinstück, Don Cäsar und die Ordnung. Zu Grillparzers ›Ein Bruderzwist in Habsburg‹, in: Literaturwissenschaftliches Jahrbuch, Neue Folge, Bd. 6, 1965, S. 220f.

138 Kurt Tucholsky, Hitler und Goethe. Ein Schulaufsatz, in: ders., Werke 3, S. 1058–1060.

139 Rüdiger Altmann, Späte Nachricht vom Staat, in: Merkur Bd. 22, 1968, S. 6.

140 Vgl. die Reproduktion der Karikatur in: Simplicissimus. Ein Rückblick auf die satirische Zeitschrift. Auswahl und Text von Eugen Roth, Frankfurt am Main 1959 sowie unten ›Abbildungen‹.

141 Vortrag von Prof. Dahm über »Rasseverrat, Volksverrat, Treubruch« in: Deutscher Juristentag 1936. 5. Reichstagung des Bundes national-sozialistischer deutscher Juristen. Hrsg. vom national-sozialistischen Rechtswahrer-Bund, Berlin 1936, S. 124.

142 Vgl. im Textteil dieses Bandes die Nummer II,6a.

143 Vgl. im Textteil dieses Bandes die Nummer II,6b. Das Zitat reicht über die abgedruckte Textpassage hinaus.

144 Vgl. dazu in dem Anm. 141 zitierten Band die Ausführungen über »Rasse als Ursprung, Träger und Ziel deutschen Volksrechts«, S. 159ff.

145 Vgl.: Summa iniuria oder Durfte der Papst schweigen? Hochhuths ›Stellvertreter‹ in der öffentlichen Kritik. Hrsg. von Fritz J. Raddatz, Reinbek 1963 (rororo Bd. 591), S. 14. Auf dieses Zitat allein läßt sich – im Kontext der Zeit und der Bedeutungsschwankungen von »Ruhe und Ordnung« – die Behauptung, daß Dibelius »gewiß kein integrer Demokrat im eigentlichen Verständnis des Wortes« gewesen sei (Raddatz, S. 14) *nicht* stützen, es sei denn, man schließt den Konservativismus völlig aus dem politischen Leben aus.

146 Vgl. im Textteil dieses Bandes die Nummer II,7. Die Zitate sind zu finden bei Trachtenberg, S. 28, 34, 37 u. ö.
147 Vgl. dazu oben die Erläuterungen zu Text II,6b.
148 Joseph Goebbels, Revolution der Deutschen (s. Erläuterungen zu Text II,6b.) S. 160.
149 Vgl. im Textteil dieses Bandes die Nummer II,8 und die zugehörigen Erläuterungen.
150 S. oben S. 49.
151 Robert Musil, Der Mann ohne Eigenschaften, Hamburg 1956, S. 475f.
152 Kraus, Dritte Walpurgisnacht, S. 11.
153 Die nationalsozialistische Propaganda war sich der beschwichtigenden Wirkung der Ordnungsparole völlig sicher. So druckte man den vollen Wortlaut des Telegramms u. a. ab in: Österreich. Deutschlands Ostmark, Sidol-Bilderdienst, Köln 1938, S. 6.
154 Tucholsky, Werke 3, S. 391.
155 Hans Buchheim, Die SS – Das Herrschafts-Instrument. Befehl und Gehorsam, Olten und Freiburg i. Br. 1965, S. 260.
156 Ernst Ottwalt, Ruhe und Ordnung. Roman aus dem Leben der nationalgesinnten Jugend, Neudruck: Amsterdam 1972, S. 291.
157 Tucholsky, Werke 3, S. 392.
158 Ottwalt (s. Anm. 156) S. 303.
159 Vgl. dazu auch Karl Arnolds Karikatur 1932 (reproduziert in dem Anm. 140 genannten Band): Einer endlosen Kolonne, »Deutschland erwache!« brüllender, SA-Leute antwortet der deutsche Michel: »Unnötiges Geschrei, ihr jungen Leute! Ich kann schon seit 1914 nicht mehr schlafen!«
160 Die schweigsame Frau. Komische Oper in drei Aufzügen. Frei nach Ben Jonson von Stefan Zweig. Musik von Richard Strauss opus 80 (Textbuch), Mainz/London 1935, S. 21.
161 Ebd. S. 17.
162 Ebd. S. 53.
163 Ebd. S. 81.
164 Vgl. im Textteil dieses Bandes die Nummer II,9.
165 Karl Alexander von Müller (s. Anm. 110) S. 283.
166 Wilhelm Röpke, Die deutsche Frage, 2. Auflage, Erlenbach-Zürich 1945, S. 124.
167 Ernst Deuerlein, Hitler. Eine politische Biographie, München 1969 (List-Taschenbuch Nr. 349), S. 158, 160.
168 Vgl. dazu: Romain Rolland, Verzauberte Seele. Bd. 3. Übertragen von Paul Amann (›Mutter und Sohn‹). München 1927, S. 558: »Was einem Goethe erlaubt ist, gilt nicht für uns. Die ewige Ordnung genügt uns nicht. Wir atmen in irdischer Ordnung. Und wenn die von Ungerechtigkeit verpestet ist, muß man

den Glasverschlag zertrümmern, damit man atmen kann.« – Zum Zitat aus der ›Humanité‹ vgl. Amann, S. 80 Anm. 1. – Zur Diskussion vgl. auch Tucholsky, Werke 2, S. 1174–1180.

169 Zitiert nach: Die Zeit, 17. Oktober 1975.

170 Zitiert in der Zeitschrift ›Das Dritte Reich‹, Bd. 2, Hamburg o. J., S. 412.

171 Ebd. S. 429.

172 Vgl. im Textteil dieses Bandes die Nummer II,6c.

173 Zu nennen sind u. a.: das Anm. 155 genannte Buch von Hans Buchheim, S. 289 u. ö.; sowie Eugen Kogon, Der SS-Staat. Das System der deutschen Konzentrationslager, München 1974, S. 386–401.

174 Brecht, Werke 5, S. 1918.

175 Brecht, Werke 14, S. 1386.

176 Ebd. S. 1388, 1390.

177 Carl Zuckmayer, Der Hauptmann von Köpenick. Ein deutsches Märchen in drei Akten, Frankfurt am Main 1974 (Fischer Taschenbuch Nr. 7002), S. 89.

178 Vgl. dazu: Carl Zuckmayer, Als wär's ein Stück von mir. Horen der Freundschaft, Frankfurt am Main 1966, S. 444.

179 Das »Gefängnis« als Bild für die Gesellschaft und ihre Konventionen findet sich bes. deutlich ausgeprägt in expressionistischer Dramatik, aber auch im frühen Prosawerk Oskar Maria Grafs.

180 Zuckmayer, Als wär's ein Stück von mir (s. Anm. 178) S. 93.

181 Hannah Arendt, Eichmann in Jerusalem. Ein Bericht von der Banalität des Bösen, München 1965, S. 18.

182 Arendt (s. Anm. 181) S. 77, 232.

183 Vgl. Thomas Mann, Ansprache im Goethejahr 1949, in: ders., Das essayistische Werk. Taschenbuchausgabe in acht Bänden. Hrsg. von Hans Bürgin. Politische Schriften und Reden, Bd. 3, Frankfurt am Main 1968, S. 312.

184 Thomas Mann, Doktor Faustus. Das Leben des deutschen Tonsetzers Adrian Leverkühn erzählt von einem Freunde, in: ders., Gesammelte Werke in zwölf Bänden, Bd. 6, Frankfurt am Main 1960, S. 656; das vorhergehende Zitat ebd. S. 670; das folgende ebd. S. 670.

185 Dieser Haltung von »Ruhe und Ordnung« widerspricht auch nicht der schwache Protest des sich nach und nach entfernenden Publikums.

186 Vgl. die Zitate in: unireport, München, Februar 1969.

187 Rudi Dutschke in: Der Spiegel, Nr. 50, 9. Dezember 1968, S. 185.

188 Vgl. Otto Köhler, Brandt und Hitler, in: Der Spiegel, Nr. 18, 27. April 1970, S. 125.

189 Martin Walser, Aber der Harváth, in: Die Zeit, 26. Mai 1972.

190 Whose Law, What Order? An Editorial in The Providence Journal, in: The Kingston Whig-Standard, Kingston, Ontario, 27. September 1968.

191 Henry Grunwald, Thoughts on a troubled El Dorado, in: Time, 22. Juni 1970, S. 15.

192 Christoph Martin Wieland, Kosmopolitische Addresse an die Französische Nationalversammlung, von Eleutherius Filoceltes. Im Oktober 1789. In: C. M. Wielands sämmtliche Werke. Bd. 41. Hrsg. von J. G. Gruber, Leipzig 1822, S. 50f.

193 Vgl. als ein Beispiel für viele: Christian Friedrich Sintenis, Hallo's glücklicher Abend. Zweiter Theil. Zweite vermehrte und verbesserte Ausgabe. Leipzig 1785, S. 114f.: »Wenn ein Fürst seine Wittwen im Lande versorgt, seine Waisen im Lande erzieht, seine Unterdrückten schützt, seine Armen nährt, dem Fleisse Arbeit verschaft, Ordnung, Ruhe und Sicherheit allenthalben aufrecht erhält, und allen seinen Unterthanen mit edlem Beispiel, *wie der Vater seinen Kindern* vorgeht: so erreicht er eine *so überschwengliche Höhe eines Hausvaters, daß wir übrigen alle nur wie im Staube unter ihm kriechen.*«

194 Vgl. dazu den sehr anregenden, auch Wielands ›Addresse‹ zitierenden, Aufsatz von Günter Birtsch, Freiheit und Eigentum. Zur Erörterung von Verfassungsfragen in der deutschen Publizistik im Zeichen der Französischen Revolution, in: Eigentum und Verfassung. Zur Eigentumsdiskussion im ausgehenden 18. Jahrhundert. Hrsg. von Rudolf Vierhaus, Göttingen 1972, S. 182.

195 Birtsch (s. Anm. 194) S. 192; ebd. auch das nachfolgende Zitat Stadelmanns.

196 Rudolf-Stadelmann, Deutschland und Westeuropa, Schloß Laupheim-Württemberg 1948, S. 28.

197 Thomas Mann (s. Anm. 183) Bd. 2, S. 110.

198 Dieter Schröder, Mit Gangster-Geschichten auf Stimmenfang, in: Süddeutsche Zeitung, 20. Februar 1970.

199 Paul Valéry, Variété Oeuvres I, Paris 1957, S. 993. Vgl. den Anm. 137 zitierten Aufsatz von Johannes Kleinstück, S. 221.

200 Peter O. Stummer, Das Verhältnis von Sprache und Politik zwischen Sprachpolitik und Interessenanalyse: ein Forschungsüberblick, in: DVjs 49, 1975, S. 746–755; das folgende Zitat ebd. S. 752.

201 Hier scheint mir eine Aufgabe der wiederzubelebenden historischen Sprachwissenschaft zu liegen. Der Sprachbegriff wird heute gelegentlich so eingeschränkt, daß innerhalb literarischer

Sprachverwendung nur noch die Beschreibung von Terminologie und Syntax, nicht auch die der Formensprache gefordert wird; eine Phänomenologie der Literatursprache wird als notwendig anerkannt, die den Historiker interessierenden Fragen nach den Ursachen sprachlicher Phänomene aber werden, recht oberflächlich, als »allgemein geistesgeschichtliche Aspekte« abgetan (vgl. etwa: Hadumod Bußmann, Hans Altmann, Hartmut Lauffer, in: Deutsche Sprache, Heft 2, 1975, S. 159). So ist der Literarhistoriker an die Geschichtswissenschaft verwiesen, welche die von der Linguistik gelassene Leerstelle mit eigenen Arbeiten auszufüllen beginnt. Das vorbildliche »historische Lexikon zur politisch-sozialen Sprache in Deutschland« (Geschichtliche Grundbegriffe. Hrsg. von Otto Brunner, Werner Conze und Reinhart Koselleck, 5 Bde., Stuttgart 1972ff.) ist ein Projekt der Historiker, nicht der Sprachwissenschaftler. In den Systembegriffen der Linguistik hat die historische Fragestellung noch keinen Ort, die Frage der Zuordnung des Sprachsystems zu historisch gewordenen und sich entwickelnden Systemen aller Art scheint noch nicht genügend geklärt.

202 Stummer (s. Anm. 200) S. 749. Zu den in Klammern angeführten Untersuchungen vgl. das Literaturverzeichnis bei Stummer, S. 752–755.

203 Thomas Mann, Deutschland und die Deutschen (s. Anm. 183) Bd. 3, S. 165f., 177.

204 Friedrich Sengle, Die deutsche Literatur des 19. Jahrhunderts, gesellschaftsgeschichtlich gesehen. In: Literatur – Sprache – Gesellschaft, München 1969, S. 81 (Dialog: Schule und Wissenschaft, Deutsche Sprache und Literatur, Bd. III).

205 Ebd. S. 81.

206 Vgl. den oben Anm. 194 zitierten, von Rudolf Vierhaus hrsg. Sammelband.

207 Vgl. Georg Herweghs Gedicht »Deutschland, o zerrissen Herz«, Brechts »O Deutschland, wie bist du zerrissen«, Biermanns »Es senkt das deutsche Dunkel / sich über mein Gemüt«.

208 Zitiert wird nach der Ausgabe in der Fischer Bücherei (Nr. 910): Günter Grass, Die Plebejer proben den Aufstand. Ein deutsches Trauerspiel, Frankfurt am Main 1968. Einzelne Hinweise zur Interpretation des Dramas habe ich einer ungedruckten Magisterarbeit von Lotte Couch (München) zu danken.

209 Grass (s. Anm. 208) S. 82. Das nachfolgende Zitat ebd.

210 Wolf Biermann, Deutschland. Ein Wintermärchen, Berlin 1972, S. 8.

211 So heißt es im Beschluß des Deutschen Bundestages gegen die Schriften des Jungen Deutschland (1835); vgl.: Das Junge

Deutschland. Texte und Dokumente. Hrsg. von Jost Hermand, Stuttgart 1966, S. 331.

212 Hermand (s. Anm. 211) S. 332.

213 Caroline. Briefe aus der Frühromantik. Nach Georg Waitz vermehrt hrsg. von Erich Schmidt, Bd. II, Leipzig 1913, S. 238f.

214 Im Stilversteck findet sich z. B. eine Anspielung auf Lessing: »*Daß* eine Sinnesänderung, ein Gesinnungswechsel überraschender, verwirrender und selbst frivoler Art vorliege, schien fast allgemeine Meinung. Sie irrt, diese allgemeine Meinung, – <...>« (Mann, s. Anm. 183, Bd. 2, S. 98), aber auch auf Beethovens ›Neunte‹, versteckt in einer Anrede an das – imaginäre – Publikum: »Jungmannschaft, – nicht diese Töne!« (Mann, Bd. 2, S. 103).

215 Friedrich Hussong, Saulus Mann, in: Der Tag, 15. Oktober 1922; wieder abgedruckt in: Thomas Mann im Urteil seiner Zeit. Dokumente 1891–1955. Hrsg. mit einem Nachwort und Erläuterungen von Klaus Schröter, Hamburg 1969, S. 99.

216 Die Programmatik dieses Satzes wird u. a. dadurch belegt, daß er in dem weit verbreiteten Sammelband ›Der Staat der Arbeit und des Friedens. Ein Jahr Regierung Adolf Hitler‹ (Altona 1934) als Bildunterschrift zu einer ganzseitigen Fotographie von der Eröffnung der Reichskulturkammer dient (nach S. 64).

217 Tucholsky, Hitler und Goethe, Werke 3, S. 1059.

218 So heißt es in einer Botschaft der Rektoren der Universitäten und Hochschulen der DDR an die Universität Prag 1972, die als Flugschrift allen bundesdeutschen Universitäten zugesandt wurde.

219 »Verfolgt war nicht nur Paulus.« Heinrich Böll zum Böll-Kommentar Diether Possers, in: Der Spiegel, 31. Januar 1972, S. 60. Das folgende Zitat ebd.

Verzeichnis der abgekürzt zitierten Literatur

ALR Allgemeines Landrecht für die Preußischen Staaten

Amann Paul Amann, Plutôt une injustice qu'un désordre, in: Jahrbuch der Sammlung Kippenberg, Bd. 9, 1931, S. 80–95.

Braubach Max Braubach, Von der Französischen Revolution bis zum Wiener Kongreß, in: Bruno Gebhardt, Handbuch der deutschen Geschichte. Bd. 3: Von der Französischen Revolution bis zum ersten Weltkrieg <. . .> hrsg. von Herbert Grundmann. Achte, vollständig neubearbeitete Auflage, Stuttgart 1960, S. 1–92.

Brecht, Werke Bertolt Brecht, Gesammelte Werke in 20 Bänden. Hrsg. vom Suhrkamp Verlag in Verbindung mit Elisabeth Hauptmann (werkausgabe edition suhrkamp), Frankfurt am Main 1967.

Campe Wörterbuch zur Erklärung und Verdeutschung der unserer Sprache aufgedrungenen fremden Ausdrücke. Ein Ergänzungsband zu Adelung's und Campe's Wörterbüchern. Neue starkvermehrte und durchgängig verbesserte Ausgabe von Joachim Heinrich Campe, Braunschweig 1813.

Conrad / Kleinheyer Vorträge über Recht und Staat von Carl Gottlieb Svarez (1746–1798) hrsg. von Hermann Conrad und Gerd Kleinheyer, Köln und Opladen 1960 (Wissenschaftliche Abhandlungen der Arbeitsgemeinschaft für Forschung des Landes Nordrhein-Westfalen Bd. 10).

Drews / Wacke Allgemeines Polizeirecht. Ordnungsrecht der Länder und des Bundes. Dargestellt für Verwaltungsbeamte und das wissenschaftliche Studium von Gerhard Wacke. Zugleich siebente, völlig erneuerte Auflage des von Bill Drews begründeten Leitfadens, Berlin u. a. 1961.

Erdmann Karl Dietrich Erdmann, Die Zeit der Weltkriege, in: Gebhardt, Handbuch der deutschen Geschichte (s. Braubach) Bd. 4, Stuttgart 1959.

Goebbels, Kaiserhof Dr. Joseph Goebbels, Vom Kaiserhof zur Reichskanzlei. Eine historische Darstellung in Tagebuchblättern (Vom 1. Januar 1932 bis zum 1. Mai 1933), München 1934.

HA Goethes Werke. Hamburger Ausgabe in 14 Bänden, Hamburg 1949ff.

Heiber Goebbels-Reden. Bd. 1: 1932–1939. Bd. 2: 1939–1945. Hrsg. von Helmut Heiber, Düsseldorf 1971f.

Heiden Konrad Heiden, Geburt des Dritten Reiches. Die Geschichte des Nationalsozialismus bis Herbst 1933, 2. Auflage, Zürich 1934.

Hinske Was ist Aufklärung? Beiträge aus der Berlinischen Monatsschrift. In Zusammenarbeit mit Michael Albrecht ausgewählt, eingeleitet und mit Anmerkungen versehen von Norbert Hinske, Darmstadt 1973.

Hitler, Mein Kampf Mein Kampf. Eine Abrechnung von Adolf Hitler. 1. Bd., München 1925. – Mein Kampf. Die nationalsozialistische Bewegung von Adolf Hitler. 2. Bd., München 1927.

Koselleck Reinhart Koselleck, Preußen zwischen Reform und Revolution. Allgemeines Landrecht, Verwaltung und soziale Bewegung von 1791–1848, Stuttgart 1967 (Industrielle Welt. Schriftenreihe des Arbeitskreises für moderne Sozialgeschichte. Hrsg. von Werner Conze, Bd. 7).

Kraus, Dritte Walpurgisnacht Karl Kraus, Die dritte Walpurgisnacht. Hrsg. von Heinrich Fischer. Mit einem Essay ›Karl Kraus und die Zeitgeschichte [1927–1934]‹ von Wilhelm Alff, München 1967 (Bd. 152 der Reihe Die Bücher der Neunzehn).

Ladendorf Historisches Schlagwörterbuch. Ein Versuch von Otto Ladendorf, Straßburg und Berlin 1906.

Quellen zum Staatsrecht Quellen zum Staatsrecht der Neuzeit. Bd. 1: Deutsches Verfassungsrecht im Zeitalter des Konstitutionalismus (1806–1918), Tübingen 1949.

Schieder Theodor Schieder, Vom Deutschen Bund zum Deutschen Reich, in: Gebhardt, Handbuch der deutschen Geschichte (s. Braubach), Bd. 3, S. 95–190.

Toller Ernst Toller, Prosa – Briefe – Dramen – Gedichte. Mit einem Vorwort von Kurt Hiller, Reinbek 1961 (Rowohlt Paperback Bd. 1).

Trachtenberg Die Greuelpropaganda ist eine Lügenpropaganda sagen die deutschen Juden selbst. <Hrsg. von Jakow Trachtenberg>. Berlin 1933.

Trübner Trübners Deutsches Wörterbuch. Im Auftrag der Arbeitsgemeinschaft für deutsche Wortforschung hrsg. von Alfred Götze u. a., 8 Bde., Berlin 1939–1957.

Tucholsky, Werke Kurt Tucholsky, Gesammelte Werke. Hrsg. von Mary Gerold-Tucholsky und Fritz J. Raddatz, 3 Bde., Reinbek 1960.

Personenregister